Mit demselben zugleich distanziert-klaren und teilnehmenden Blick, mit dem Liana Millu den Frauen von Auschwitz-Birkenau ein literarisches Denkmal setzte, schildert sie in ›Die Brücke von Schwerin‹ ihre Heimkehr nach der Befreiung.

Freiheit – die ersten Schritte der Überlebenden sind wie trunken vor Erleichterung, Hoffnung, zugleich unsicher, tastend. Wohin? An der Brücke von Schwerin sollen die Engländer sein, die die Rückkehr nach Hause garantieren. Spontan beschließt Liana, sich zu Fuß und allein dorthin aufzumachen. Es ist wie eine Begegnung mit dem Selbst, das sie einmal war – aber auch eine Konfrontation mit den besiegten Unterdrückern. Denn der Weg nach Schwerin führt durch ein Land, in dem Angst und Misstrauen regieren, in dem sich vor den ausgemergelten Gestalten in der Häftlingsjacke die Türen verschließen. Man leidet selbst, hat von nichts gewusst. Gibt es überhaupt einen »Weg zurück«, eine Anknüpfung an die »Zeit davor«? Die Brücke von Schwerin ist nur eine weitere Etappe. Aber als Liana Millu sie erreicht, ist sie ihrer Kraft weiterzuleben gewiss.

Liana Millu, geboren 1914 in Pisa, war während des Zweiten Weltkriegs im Widerstand aktiv. 1944 Festnahme bei einer Razzia in Venedig und Deportation nach Auschwitz-Birkenau. Nach der Befreiung Rückkehr nach Italien, wo sie ›Der Rauch über Birkenau‹ (Bd. 14021) schrieb. Sie arbeitete als Grundschullehrerin, Journalistin und Schriftstellerin in Genua, wo sie heute noch lebt.

Unsere Adresse im Internet: www.fischer-tb.de

Liana Millu

Die Brücke von Schwerin

Aus dem Italienischen
von Hinrich Schmidt-Henkel

Fischer Taschenbuch Verlag

Die Frau in der Gesellschaft
Herausgegeben von Ingeborg Mues

Für Karin Herrmann, in großer Dankbarkeit

Veröffentlicht im Fischer Taschenbuch Verlag GmbH,
Frankfurt am Main, Mai 2001

Lizenzausgabe mit freundlicher Genehmigung des
Verlages Antje Kunstmann GmbH, München
Die Originalausgabe erschien 1978 und 1994
unter dem Titel ›I ponti di Schwerin‹

Druck und Bindung: Clausen & Bosse, Leck
Printed in Germany
ISBN 3-596-14593-7

»Endlich unterwegs nach Hause!
Mit meinem Stock wandere ich friedlich.
Manchmal wende ich den Kopf ins Blaue, nach oben.«
T'ao

I

»Im Keller«, sagte Jeannette. »Im Keller ist ganz sicher noch etwas. Kapierst du das? Du musst in den Keller gehen!«

Sie redete auf mich ein, mit weit aufgerissenen Augen, und ich musterte fast hasserfüllt ihr abgezehrtes Gesicht unter der Decke, die sie sich bis zum Kinn hoch gezogen hatte. Du musst, du musst ... und warum ging sie nicht selber in den Keller?

Jeannette erriet wohl meine Gedanken, denn sie reagierte aggressiv und ungeduldig, wie immer. Sie warf die Decke zu Boden, schrie mit schriller Stimme:

»Ich kann da nicht hinuntergehen. Das war schon immer so: Auf Leitern wird mir schwindlig. Ich habe Fieber! Ja, ich habe Fieber, auch wenn dir das nicht passt und du es nicht glauben willst. Mir geht es schlecht!«

»Ach, und mir geht es besser?«

»Viel besser als mir. Du willst nur nicht in den Keller gehen, weil du Angst vor dem eingebildeten Toten hast. Wenn du wenigstens ehrlich wärst! Gib es wenigstens zu! Aber nein, du stehst herum und denkst dir Ausreden aus. Idiotische Vorwände!«

Wir stritten uns erbittert, denn ich hatte Angst, wollte es aber nicht zugeben; sie bestritt schlankweg, dass ein Toter im Keller liege. Nur ein heller Sack sei das, den man in eine Ecke geworfen hätte, alles andere würde ich mir einbilden! Dabei hatte sie ihn auch gesehen – ganz zu schweigen von dem üblen Gestank, der mittlerweile aus der Bodenluke drang. Auf dem Bauch lag der Tote, einen Arm unter der Brust, den anderen ausgestreckt auf dem Boden. An unserem dritten Tag auf dem verlassenen Bauernhof hatten wir ihn entdeckt, als der Tross russischer Soldaten und befreiter Lagerinsassen vorübergezogen war und wir es wagen konnten, das Haus zu durchstöbern und zu schauen, was nach den ersten Plünderungen übrig geblieben war.

Dabei hatten wir die Luke entdeckt. Darunter eine Leiter; ich stieg hinab, während Jeannette oben einen Kerzenstummel hielt, der mehr für Schatten sorgte als für Beleuchtung. Der Keller war dunkel, groß und kalt, erfüllt von einem Geruch, den ich mir nicht erklären konnte. Ich schaute mich um und bewegte mich mit größter Vorsicht, denn ich hatte Angst vor Mäusen. Als meine Augen sich an die Dunkelheit gewöhnt hatten, weckte das weiße Hemd meine Aufmerksamkeit. Ich ging hin, und schon rannte ich zur Leiter.

»Ein Toter!«, rief ich entsetzt. »Komm schnell! Ein Toter, dort in der Ecke!«

Ein Toter im Keller? Natürlich meinte Jeannette, das sei nicht möglich. Ich dächte wohl, ich sei in der Geisterbahn? Hatte ich zu viele Schauergeschichten gelesen? Warum hätten sie jemanden im Keller töten sollen? Die Soldaten stellten die Leute an die Wand, um sie zu erschießen, das wusste doch jeder. Warum hätten die Russen es hier anders machen sollen?

Ein ehemaliger Kriegsgefangener könnte das doch getan haben, wandte ich ein, jemand, der auf dem Hof hatte arbeiten müssen und der nun mit diesem Deutschen eine Rechnung zu begleichen gehabt hatte.

»Der wird gedacht haben, es ist schlau, wenn er sich im Keller versteckt, aber sie haben ihn entdeckt und umgelegt. Sich im Keller verstecken, wie dumm aber auch!«

Oder vielleicht hatte man ihn überrascht, als er etwas Essbares suchte, um dann zu fliehen? Nach unserer Befreiung aus dem Lager waren wir tagelang über Straßen gewandert, die nun, nach der Niederlage, von Menschen überquollen. In langsamen

Schlangen zogen die Flüchtlinge vor uns und hinter uns her; alles Menschen, die vor den Russen flohen, mit Bündeln und Packen, mit Kinderwagen voller Säcke und Taschen. Der hier hatte es nicht mehr geschafft.

Als sie sich hinabbeugte, um mit mir zu rechten, sah Jeannette das Mehl.

»Schau nur, wie viel! Auf dem Boden verstreut! Ich hole etwas, damit du es einsammeln kannst!«

Sie verschwand. Ich meinte ein Rascheln zu hören und stieg die Leiter halb wieder hoch, aus Angst, eine Maus könnte mir zwischen die Beine schlüpfen. Dazu noch diese süßliche Gegenwart des Todes. Angeekelt hielt ich mir die Nase zu, voller Unmut über diesen Mann, der hier im feuchtkalten Keller verweste.

Jeannette wedelte mit einem Stück Polsterstoff, den sie vom Sofa gerissen hatte, und ich stieg wieder hinab, um Mehl einzusammeln. Es war mit Erdreich und Staub vermischt, doch vorsichtig scharrend konnte ich doch einiges zusammenbringen. Gleich danach entdeckte ich ein paar Stück Würfelzucker und schließlich sogar eine Flasche mit einem Rest Obstwasser: Wer als erster in diesen Keller gelangt war, der hatte angesichts des Überflusses offenbar den Kopf verloren. Im brutalen Überschwang hatte man gedanken- und rücksichtslos gehaust; tatsächlich lagen da auch einige zerbrochene Weckgläser, und ich konnte ein wenig eingetrocknete Marmelade ergattern. Ich war überzeugt, wenn wir sie zwischen den Fingern prüften, konnten wir alle Glassplitter entfernen und sie vollkommen sicher genießen.

»Wir machen süße Pfannkuchen!«, rief Jeannette ein ums andere Mal begeistert. »Crêpes, verstehst du?«

Als ich wieder oben war, half sie mir, die Luke gründlich zu verbergen. Einerseits wegen des Toten, aber auch, damit kein versprengter Soldat hineingelangte und etwas entdeckte, das mir entgangen sein mochte. Der Bauernhof war geplündert worden, doch jeder, der hereinkam, gab sich erst zufrieden, wenn er irgendetwas Brauchbares hatte finden können. Eines verfluchten Tages hatte uns sogar jemand ein Stück Speck aus dem Topf gestohlen, das Jeannette eifersüchtig hütete; es würzte unsere Wasserbrühe.

Polen waren es gewesen, und wir waren ihnen schreiend nachgelaufen, doch ohne Erfolg. Ihr Wagen stand vor dem Hof, sie fuhren weiter und hielten sich uns mit der Peitsche vom Leib. Seit dieser traurigen Erfahrung hatten wir unseren Proviant stets in Reichweite; kaum hörten wir jemanden hereinkommen, lief eine von uns hin, versteckte unsere Sachen unter dem Sofa, legte sich selber darauf und tat, als sei sie sterbenskrank. Ein guter Trick, der schon mehrfach hervorragend funktioniert hatte.

Dieses grüne, ganz zerschlissene Sofa hatten wir in die Nähe eines Fensters gezerrt, das zum Garten ging. In den anderen Zimmern war es nicht auszuhalten: Als Zeichen der Verachtung hatte man nicht nur die Ecken, sonden auch alle Schränke und Schubladen als Abort benutzt. Der Gestank hatte uns gezwungen, uns im Erdgeschoss einzurichten und auf dem grünen Sofa zu schlafen, eine mit dem Kopf an den Füßen der anderen, wie wir es vom Lager her kannten.

Der Krieg war seit vielleicht einer Woche vorüber. An den ersten Tagen konnte man noch fernen Kanonendonner vernehmen, über den Himmel rasten Flugzeuggeschwader. Nachts wachten wir davon auf, dass Truppen vorbeimarschierten, und wir fürchteten, die Deutschen könnten wiederkommen. War der Krieg denn wirklich vorbei? Der Tag stimmte uns dann zuversichtlicher. Alle Männer, die hier Halt machten, meinten lachend, die Deutschen seien *kaputt**. Hitler *kaputt,* Berlin

* Im Original fremdsprachige Wendungen sind hier kursiv beibehalten. (Anm. d. Übers.)

kaputt. Sie luden uns zum Essen ein, und wir futterten, bis unsere Bäuche wie Bälle von unseren skelettartigen Leibern abstanden und wir fast nicht mehr atmen konnten. Dann sagte ich zu Jeannette: »Komm, wir gehen unter meinen Kirschbaum.« Sie stand mühsam auf, schnaufend und ächzend zogen wir uns zurück, bevor die Soldaten auf die Idee kamen, handgreiflich zu werden.

Dieser Kirschbaum stand im Garten hinter dem Haus; ein schöner Baum voll weißer Blüten. Wie zufriedene Tiere streckten wir uns im Grase aus und sagten immer wieder: »Mein Gott, was habe ich gegessen! Ich kann nicht mehr!«

Die Äste bildeten ein dichtes Geflecht über unseren Köpfen, doch konnte man die üppigen weißen Wolken noch erkennen, die feierlich über den lauen Frühlingshimmel zogen. Uns fielen die Augen zu, unsere Körper gaben sich der Schläfrigkeit hin und vergaßen überstandene Mühen. Wir schliefen ein und genossen unsere Freiheit.

Dann hatte sich alles geändert. Es begann die Wüste der kargen Tage, als keine Soldaten mehr vorbeikamen und unsere Vorräte sich dem Ende zuneigten. In der Stille stank der Verwesungsgeruch, der unter der Luke hervorquoll, giftiger als die vertrocknete Scheiße in den Schubläden. Und dann hatte Jeannette begonnen, auf mich einzureden, ich solle wieder in den Keller hinuntersteigen. Nur ganz kurz, eben lange genug, um etwas zusammenzuscharren, das uns bis zur Ankunft des Roten Kreuzes durchhalten lassen würde. Ich glaubte kaum daran, aber für Jeannette war es sonnenklar, dass das Rote Kreuz kommen würde. Begreiflich.

Ein Landsmann hatte es ihr versichert. Und auf das Wort eines Franzosen – Jeannette hatte »Franzose« betont, um klarzumachen, was es beinhaltete – konnte man sich absolut verlassen. Monsieur Gilbert hatte versprochen, unseren Aufenthalt beim nächsten Hilfsposten zu melden; das Rote Kreuz konnte demnach jeden Augenblick eintreffen. Ein bisschen Geduld! Oh là là, ein bisschen Geduld – wir hatten so unendlich viel Geduld gehabt!

Dieser Gilbert war ein seltsamer Vogel; meiner Meinung nach waren ihm im Lager ein paar Sicherungen durchgebrannt. Gekleidet war er wie ein Bauer, doch an den Füßen trug er wunderschöne Stiefel, deutsche Offiziersstiefel, und während er redete, polierte er sie unablässig. Auf dem schmalen, kahlen Schädel trug er die grau-violett gestreifte Lagermütze. Er war hereingekommen wie alle anderen, neugierig und mit der Hoffnung, etwas zu ergattern, doch kaum drinnen, hatte er sofort losgeplappert.

Warum, hatte Jeannette gefragt, sei er so allein unterwegs?

Er hatte seine vorquellenden, irren Augen aufgerissen, und seine Mundwinkel zuckten in einem nervösen Tick.

Scheißfrage! Er war allein, weil er zwei Jahre, drei Monate und neun Tage lang zu Gesellschaft gezwungen gewesen war. Ah, allein essen, schlafen, austreten können! Andere träumten von Banketten, er davon, allein zu sein. Und da sollte er jetzt seinen Traum aufgeben, mit anderen mitlaufen? Nein, vielen Dank! Bis Paris würde er gehen, wenn nötig. Zu Fuß bis nach Paris!

Aber wohin ging er denn bloß? Die Russen und Polen, die vorbeikamen, wiesen alle dieselbe Richtung. Er ging die entgegengesetzte. Warum? Was war dort los?

Aber Mädchen! Dort war doch die Demarkationslinie. Russen auf der einen Seite, Amerikaner und Engländer auf der anderen. Zack, zack! Die Alliierten hatten Deutschland untereinander aufgeteilt, scheibchenweise, und keiner würde seine Scheibe wieder loslassen. Geschah ihnen recht, den Nazischweinen! An der Demarkationslinie tauschten die Alliierten die Leute aus. Jeder nahm seine zurück, sie wollten nicht, dass sich da was mischte. Alle Slawen nach Osten, alle Westeuropäer nach Westen. Schauplatz war eine Brücke bei Schwerin, für uns der nächste Ort an der Demarkationslinie. Dort standen auf der einen Seite die Russen mit der roten Fahne und der Blaskapelle, auf der anderen die Amerikaner oder Engländer mit Zigaretten und Schokolade. Das hatte er gehört und erzählte es jetzt weiter. Daher seine Entscheidung. Wie ein Tier im Sammellager Wassersuppe fressen, mit anderen zusammengepfercht, das fand er zum Kotzen. Beine unter die Arme, und allein los! Dann ging ihm wenigsten niemand auf die Nerven!

Und wie weit war diese Brücke von Schwerin noch weg? Sollten wir nicht auch dorthin gehen?

»Nein, nein!« Er hatte wohl Angst, dass wir ihn begleiten wollten und er uns nicht mehr loswürde. Zwei halb tote junge Frauen, bloß das nicht!

»Rührt euch nicht von der Stelle. Das würdet ihr nie schaffen, für euch ist das zu weit. Wartet hier: Ich benachrichtige das Rote Kreuz!«

Dann hatte er ausgemalt, was uns erwartete. Die kranken Franzosen wurden erstklassig behandelt. Sie kamen in ein Flugzeug und flutsch! in ein paar Stunden waren sie zu Hause.

»Zu Hause?« Jeannettes Augen leuchteten. »Zu Hause?«

»Und die Italiener?«, erkundigte ich mich.

»Italiener?«

Gilbert klang zutiefst entsetzt. Er warf mir einen Blick zu, so verletzend wie ein Pfeil, dann wandte er sich ostentativ Jeannette zu und sprach rasend schnell im Dialekt mit ihr, sodass ich nichts mehr verstand. Betrübt schweigend saß ich da, getroffen von diesem Pfeil aus Groll, den sein Blick auf mich abgefeuert hatte.

Schließlich suchte er seine Habe zusammen, und Jeannette begleitete ihn zur Straße. Ich konnte sehen, wie sie ihn umarmte. Freudesprühend kam sie zurück: Jetzt war alles in Ordnung, wir brauchten nur noch zu warten. Mich hingegen schmerzte die Beleidigung.

»Warum habt ihr Dialekt gesprochen? Was für Geheimnisse waren das? Ihr habt ›Maccaroni‹ gesagt, das habe ich gehört. Kann man mal wissen, was er gegen uns Italiener hat?«

Unter meiner Wut verspürte ich große Enttäuschung. Ich hatte mich fast die ganze Zeit an die Französinnen gehalten, hatte sie geschätzt, ja geliebt, und jetzt ließ meine Freundin mich fallen und schlug sich auf die Seite dieses Gilbert mit seinen irren Augen.

»Er hat gegen euch, dass ihr uns in den Rücken gefallen seid. Er hat durch italienische Bomben sein Heim und seine Eltern verloren. Und außerdem, ich habe dir das schon erzählt, die italienischen Flieger haben im Tiefflug die Flüchtlingstrecks auf der Straße mit Maschinengewehren beschossen. Wie beim Tontaubenschießen!«

Ich entgegnete, Italiener hätten so etwas ganz sicher nicht getan. Die Deutschen beschossen Flüchtlinge im Tiefflug, wir waren doch nicht wie sie. Also wirklich! Sicher hatte man mit einer Pressekampagne diese Lüge verbreitet, damit die Leute den Feind hassten. Ich hatte es doch gesehen, und zwar mit eigenen Augen, wie man den Gefangenen geholfen hatte, die nach dem achten September '43 geflohen waren, dem Waffenstillstand mit den Alliierten. Als sie danach von der erneuten Kriegserklärung gehört hatten, waren manche Menschen in Tränen ausgebrochen!

»Mag ja sein!«, meinte Jeannette, allerdings im Tonfall dessen, der großzügig auf das letzte Wort verzichtet, um eine unersprießliche Diskussion zu beenden. Sofort danach stand sie auf. Neben dem Hoftor lagen große Steine. Auf einen davon setzte sie sich und beobachtete die Straße, als müsste jeden Moment das Rote Kreuz mitsamt einem Sanitätszug auftauchen. Ich ging zu meinem geliebten Kirschbaum. Dort legte ich mich hin, den Kopf an den Stamm gelehnt, und strich zärtlich mit der Hand über das Gras. Doch anders als sonst, brachte mir der Anblick des Himmels durch die weißen Zweige keinen Frieden. Wegen

Gilberts Behauptungen fühlte ich mich schuldig und bedrückt und begehrte zugleich innerlich dagegen auf. Ja!

Man hatte mich gejagt und in ein Lager gesperrt, hatte behauptet, ich sei keine echte Italienerin, ich besudelte Italien mit meiner Gegenwart und verdiente es, zur Strafe nach Birkenau in den Tod geschickt zu werden. Und jetzt?

Jetzt lag Birkenau gerade eine Woche hinter mir, und offenbar wollte man mir jetzt die Schuld derer anhängen, die mich verurteilt hatten. War das gerecht? Logisch? Sollte ich mich das ganze Leben lang für Dinge unterdrücken lassen, mit denen ich gar nichts zu tun hatte? Und für die man mich dennoch gnadenlos zur Verantwortung zog? »Du *italianski kapitalist*! Krieg aus, alle *kaputt*!«, hatten die Russen in Birkenau gedroht und die Geste des Halsabschneidens vollführt. In Italien hatte es geheißen, alle Juden seien Geldsäcke. Wenn man ihren Reichtum nicht sehe, liege das nur daran, dass sie – diese eingefleischten Schlauberger! – ihn lieber verborgen hielten. So redete das Volk; die Propaganda des Regimes hatte dann den Begriff »jüdische Volksschädlinge« geprägt und verwandte ihn jetzt unablässig. Dreckige kapitalistische Ausbeuter, das seien die Juden.

Ich und Kapitalistin? Darüber hatte ich lachen müssen. Dass ich Jüdin war, davon war ich nicht einmal überzeugt. Ich war für die Freiheit, leidenschaftlich für die Freiheit, daher fand ich, um Jude zu sein, genüge es nicht, in eine jüdische Familie hineingeboren zu werden. Man musste nicht beschnitten sein, sondern es vor allem seelisch empfinden. Ich konnte keinen göttlichen Oberaufseher leiden, und folglich waren sowohl Christus als auch der Gott der Juden meine Sache nicht. Kirchen gefielen mir, alle Kirchen. Eine Moschee zum Beispiel: Welch sicheres, erfrischendes Gefühl der Besinnung konnte eine Moschee vermitteln! Als Atheistin war ich ökumenisch, ohne es zu wissen.

Der lang gezogene, raue Klang des »Schofar«, jener Ruf, der

seit Jahrtausenden an Jom Kippur in den Ohren hallt, faszinierte mich ebenso wie die vor einem Altar flackernden Kerzen oder die Litaneien der Messen im Mai. Jüdin zu sein, das bedeutet anders zu sein, und anders zu sein bedeutet leiden zu müssen. Wann hatte ich dieses Leidenmüssen zum ersten Mal gespürt?

Durch das Geäst des Kirschbaums hindurch sah ich den ersten Schultag der kleinen Elmina, die ich einst war. Ich sah sie von außen, wie eine Fremde. Ich beobachtete sie, und während ich die Vergangenheit heraufbeschwor, ertappte ich mich dabei, wie ich bisweilen tadelnd den Kopf über sie schüttelte; andere Male wieder flößte sie mir Mitleid ein, ja sie rührte mich. Ich war ihre Zuschauerin, ihre Richterin – und ihre Erbin.

2

»Ich bin eure Lehrerin, und ihr seid meine kleinen Schülerinnen.« Jedes Mal, wenn sie am ersten Schultag vor einer neuen Klasse stand, wiederholte Signora Martelli diesen Satz, seit siebenundzwanzig Jahren. Lächelnd und mit geduldiger Stimme, jedes Haar sorgfältig an seinem Platz, jeder Knopf ordentlich festgenäht, die Fingernägel tadellos. Klein und mager stand sie hinter dem hohen Pult, einer alten schwarzen Kiste auf einem Podium. Zu fünft in die Bankreihen gezwängt, reglos, mit verschränkten Armen, sahen die Mädchen furchtsam zu ihr hin. Die Bänke waren so hoch, dass ihre Füßchen nicht einmal bis zum Trittbrett reichten.

Signora Martelli öffnete wieder ihre feinen Lippen und wollte eben weitersprechen, da klopfte es an der Tür, die in den Flur des Armenhauses führte. Tatsächlich befand sich die Grundschule in einem großen Gebäude, das Waisenkindern und Alten Zuflucht bot. »Armenhaus« stand an der Fassade.

Die Lehrerin sagte »Herein!«, und die der Klasse zugeteilten Waisenmädchen kamen mit einem Knicks herein, eine nach der anderen. Sie trugen schwarze Kniestrümpfe und Holzpantinen, und die ganze Klasse drehte sich um und folgte ihnen mit den Blicken, während sie sich in die letzten Bänke setzten, die Signora Martelli eigens freigehalten hatte.

»Jetzt beten wir. Aufstehen, aber ohne Lärm. Auf!«

Alle standen auf, aber unter lautem Getrampel. Also mussten sie sich noch einmal hinsetzen und stillhalten, während die Lehrerin sie mit inquisitorischen Blicken musterte.

»Noch einmal. Auf!«

Diesmal ging es besser. Nur die Waisenmädchen machten einige Geräusche, wegen der Pantinen, und wurden folglich mit einem strafenden Blick bedacht.

»Als Erstes bekreuzigen wir uns. Aber ordentlich! Dann die Händchen gefaltet, die Augen zum Kruzifix. Wir sprechen das Vaterunser, damit Jesus uns bei unserer Arbeit hilft.«

Signora Martellis Hand näherte sich eben ihrer Stirn, doch dort hielt sie kurz inne. Blitzartig war der Lehrerin die Ermahnung des Herrn Direktor in den Sinn gekommen, wegen jenes israelitischen Mädchens in ihrer Klasse.

»Misdrachim Elma Michela. Melden!«

Elmina errötete und hob scheu die Hand. Sie war unansehnlich und wirkte wenig robust, eines jener kleinen Mädchen, die in ihrer Familie behütet und verzärtelt werden und daher ängstlich und kränkelnd wirken. Zwar war der Oktober mild, und Sonnenstrahlen versuchten, durch die dicken, trüben Fensterscheiben zu dringen, doch aus dem Ausschnitt von Elminas Kittel schaute ein Wollschal, der ihren Hals warm hielt.

»Also, du stehst zum Gebet gemeinsam mit allen anderen auf.

Aber du darfst weder ein Kreuz schlagen noch wiederholen, was wir sagen. Verstanden?«

Elmina wurde glutrot. Warum durfte sie nicht dasselbe tun wie alle anderen? War das eine Strafe? Was hatte sie getan?

Alle anderen Mädchen hatten sich zu ihr umgedreht und maßen sie mit stechend neugierigen, schmerzenden Blicken, die Elmina auch im Rücken und im Nacken spürte.

»Wir sind *Judim*«, hieß es oft bei ihr zu Hause. Lag es daran?

Während die Klasse das Gebet nachsprach – wegen der Pausen und wechselnden Betonungen wirkte es wie ein Gesang –, kam Elmina zu der Überzeugung, dass es eben daran lag und dass das furchtbar war.

Es war furchtbar, so zu stehen und nicht mitmachen zu dürfen, während alle sangen und ihre Nachbarin zur Rechten, ein pummeliges Mädchen mit rosa Schleife im Haar, sie verstohlen beäugte. Die anderen hielten die Hände gefaltet. Sie wusste nicht, wohin mit ihren, also verbarg sie sie und zupfte am Saum ihres Kittels herum. Wann würde es endlich vorüber sein? Wann konnten sie sich wieder hinsetzen?

Endlich war das Gebet zu Ende. Signora Martelli sagte, es gebe so viele schöne Dinge zu lernen, und fing mit Pünktchen und Strichen an. Dann ging sie durch die Reihen, und als sie Elminas Heft sah, war sie zufrieden. Ganz offensichtlich hatte die Kleine schon zu Hause etwas gelernt: Eine Schülerin, mit der sie vor ihrem Direktor gut dastehen würde!

»Brav!«

Sie malte eine dicke rote Zehn mit ihrem Stift, doch Elmina konnte sich nicht richtig darüber freuen.

Sie war verletzt worden. Und innerlich fühlte sie sich ganz verschrumpelt und zerknittert, wie Nylon, das mit dem heißen Bügeleisen in Berührung gekommen ist.

3

War mir Gott so unnatürlich früh gleichgültig geworden, weil dieser Vorfall Gebet und Leiden für mich miteinander verbunden hatte? Oder vielleicht, weil es mir widerstrebte, mich zu verbeugen und Bitten zu murmeln? Jeder, der betete, erbat auch etwas, flehentlich. Dieser ungeheure Eigennutz der Gläubigen stimmte mich sehr traurig. Jeannette zum Beispiel: Seit dieser sagenhafte Gilbert fort war, tat sie nichts anderes mehr als beten! Sie warf sich geradezu auf die Knie. Alles, um den lieben Gott daran zu erinnern, dass er uns schnell das Rote Kreuz schicken sollte, damit wir auf die Heimkehrerliste kämen.

Als hätten meine Gedanken sie herbeigerufen, tauchte Jeannette auf, an einem Halm Schnittlauch kauend. An die Brust presste sie sich die grauweiße Katze, wegen der wir uns schon so viel gestritten hatten.

»Habt ihr euch angefreundet?«, fragte ich hinterhältig. »Willst du sie nicht mehr essen?«

Jeannette machte es sich im Gras bequem und antwortete – wobei sie die Katze immer weiter liebevoll streichelte –, das sei nun nicht mehr nötig. Das Rote Kreuz konnte jeden Augenblick auftauchen. Außerdem gab es keine Streichhölzer mehr. Roh konnte man die Katze wohl nicht essen!

»Das Stück Pferdefleisch unterwegs war auch roh. Weißt du nicht mehr?«

»Das ging ja auch nicht anders! Nach zwei Tagen ohne etwas zu essen, und immer unterwegs, was sollte ich da tun? Du wolltest in Birkenau ja sogar Menschenfleisch essen! Ich erinnere mich genau, was du mit dieser Ungarin besprochen hast, wie die Kannibalinnen! Sogar nachts hast du davon geträumt, dir Scheiben von einem saftigen Hintern runterzuschneiden!«

Das stimmte. Doch Birkenau gehörte jetzt der Vergangenheit an, darum meinte ich bekümmert, das seien doch nur Spielereien gewesen, um uns während des Appells die Zeit zu vertreiben. Stundenlang mussten wir vor der Baracke stehen, und wenn wir die dicken Hintern der Küchenfrauen und gewisser Kapos vorüberwackeln sahen, berieten Aërgi und ich, von welcher wir uns am besten ein paar zarte Scheiben herunterschneiden könnten. Das waren so die Spielchen in Birkenau. Wer hätte sie nicht gespielt?

Die Katze zu essen, hatten wir allerdings ernsthaft erwogen. Aber Jeannette ließ jetzt das Thema fallen.

»Hast du jemanden gesehen? Ihn am Ende?«

»Er«, das war jener groß gewachsene alte Mann, der manchmal in Stiefeln und mit einer Schirmmütze im Morgengrauen oder nachts unvermittelt am Fenster unseres Zimmers auftauchte. Ein einziges Mal war er tagsüber ins Haus eingedrungen, wir hatten es zunächst nicht bemerkt. Doch dann hatte uns die wutentbrannte Stimme im ersten Stock kalte Angstschauer über den Rücken gejagt.

»Schweine! Diese Schweine! Alles voll geschissen!«

Dieser »Er« erfüllte uns mit großer Sorge. Was, wenn er den Toten entdeckte? Wenn er ihn rächen wollte? Uns umzubringen hätte ihn keine große Mühe gekostet. Wie würde er es anfangen?

Um mich zu beruhigen, redete ich Jeannette vernünftig zu. Sicher wartete er nur darauf, dass wir verschwanden. Wenn er uns etwas antun wollte, hätte er nicht so lange gewartet. Er sagte sich gewiss: »Die sterben sowieso an Entkräftung, eines Morgens finde ich sie, starr wie zwei Vögelchen.«

Hier unterbrach mich Jeannette wie immer mit dem Roten Kreuz, das würde es ihm schon zeigen. Ich tat so, als würde ich einschlafen, doch verschwieg ich etwas, das ich für mich behielt und das jeden Abend, wenn ich mich auf dem Sofa zusammenkuschelte, die schwarzen Krallen der Angst nach mir ausstreckte.

In der Nacht nämlich, als der Unbekannte das erste Mal erschienen war, hatte mich unerklärliches Entsetzen befallen. Ein langer Schatten hatte sich vor dem offenen Fenster abgezeichnet. Zum Eindruck der Erscheinung trug das Mondlicht noch bei, das bis an unser Sofa reichte und mir ohnehin einen unruhigen Schlaf bescherte. Jeannette schnarchte. Ich hatte den Kopf gehoben: Wer mochte das sein?

Jetzt lauschte ich den Geräuschen von draußen: quakende Frösche, undeutliches Rascheln. Verwirrt schaute ich auf die Kirschblüten, die so unnatürlich weiß wirkten an den schwarzen Ästen, welche sich nach dem Haus reckten. Unterdessen schien der Gestank, »dieser Gestank«, furchterregend und schrecklich unter der Luke hindurch zum Sofa zu kriechen. Wie eine übernatürliche Erscheinung kam dieser Mann mir vor, und diese Erscheinung war uns feindlich gesonnen.

Der Deutsche aus dem Keller.

An den ersten Tagen hatten wir ihn doch immer wieder vergessen. Vom Lager her waren wir an den Tod gewöhnt, den eigenen wie den der anderen. Was war schon ein Toter? Ein Ding. Ein hartes Ding: ein Holzstück, ein Stein. In Auschwitz-Birkenau benutzten die Mädchen von der Krankenstation die Leichen bisweilen als Sitzbank. Während sie warteten, dass der Haufen abtransportiert würde, legten sie eine Decke darüber, und wenn das Wetter es erlaubte, setzten sie sich darauf und ruhten etwas aus oder plapperten munter. Nein, dass eine Leiche hier im Keller des Bauernhofes lag, das konnte uns nichts ausmachen, jedenfalls solange oben ein großes Hin und Her von Männern geherrscht hatte, deren Fröhlichkeit uns ansteckte. Jetzt war es anders. In der nächtlichen Stille war der Tote kein Ding mehr. Seine Gegenwart erfüllte den Raum, bedrohlich wabernd. Und in demselben Augenblick, als die Silhouette des Mannes sich am Fenster abzeichnete, erfüllte mich blitzartig und lähmend die Gewissheit, dass er derselbe war, der unten im Keller allmählich verweste.

Er war es. Er war es und kam, uns anzuklagen. Wessen? Wir konnten nichts dafür, dass er tot war. Oder hielt er uns in seinem Rachedurst für schuldig? Sollten auch wir Todesangst erleiden müssen? Quälte es ihn, dass man sein geliebtes Heim geplündert und zerstört hatte? Überlegte er noch, wie er uns leiden lassen würde?

Nach einigen Minuten war der Mann hinter dem Fenster wieder gegangen, ohne ein Wort, aber ich hatte nicht wieder einschlafen können. Sämtliche Geschichten von Erscheinungen und Gespenstern, die mir unser Hausmädchen Leontina in meiner Kindheit erzählt hatte, kehrten zurück, vor allem jene über die Nacht meiner Geburt, laut Leontina der Ursprung all meines Pechs. Die vielen Jahre lang, die Leontina in unserem Hause Dienst tat (und auch später noch) malte sie mir diese Ereignisse in sämtlichen Einzelheiten aus, bis es mir schien, als hätte ich selber daran teilgenommen und wäre in jener Nacht nicht erst geboren worden.

Es war während des Krieges. Ich erblickte das Licht der Welt; an demselben Tag war der Artillerist Bracci Giacomo gefallen, Leontinas großer Bruder – und war ihr neben ihrem Bett erschienen. Daher hatte sie so unermüdlich dafür geworben, dass ich Giacomina genannt würde; vielleicht in der Hoffnung, dass dies die gemarterte Seele ihres Bruders besänftigen würde. Doch man hatte nicht auf sie gehört. Elma Michela musste das Mädchen heißen: Der Respekt gegenüber den Großmüttern verlangte, dass sie ihre Namen trug.

Das war aber noch nicht alles! Leontina war überzeugt, dass mein Schicksal nicht nur durch die unheilvolle Erscheinung beeinflusst war, sondern auch durch die kalte, enttäuschte Stimmung, mit der fast die gesamte Familie auf mich reagierte.

»Du hast gleich schlecht angefangen«, predigte Leontina mir ihr Leben lang. »Weil mir in jener Nacht der arme Giacomo erschienen ist. Außerdem wollten dein Vater, dein Großvater und vor allem deine Tante Nella viel lieber einen Jungen, und darum waren sie beleidigt und haben dich nicht gerade mit Freude empfangen.«

4

Sie wollten einen Jungen. Statt dessen hatten sie also ein Mädchen bekommen, ein unansehnliches überdies, und so konnte man nicht behaupten, dass Elminas Geburt Freudenfeste ausgelöst hätte. Als die junge Mutter die langen Gesichter sah, die ihr Ehemann und die nächsten Verwandten zogen, kamen ihr am Ende sogar die Tränen. Sie neigte den Kopf zu dem Bündelchen hinunter, das man ihr in die Arme gelegt hatte, und verstummte. Zum Glück war die Hebamme (damals, als noch viel zu Hause geboren wurde, gab es diesen freien Berufsstand noch) an solche Situationen gewöhnt. Sie wusste, ob arm, ob reich, die männlichen Familienmitglieder zogen bei weitem einen Jungen vor. Also tat sie so, als wäre alles in bester Ordnung, versah schwatzend und lächelnd ihren Dienst, bis sie schließlich mit diesem Strom beruhigenden und schmeichelnden Geplappers alle benommen gemacht und davon überzeugt hatte, dass sie eigentlich doch zufrieden waren.

Als alles so weit war, trank die Hebamme ihren Kaffee mit Cognac, »als Stärkung«, und ging, fett, gewandt, befriedigt. Da löschte die Familie Toaf die Kerzen, die bis dahin im ganzen Haus gebrannt hatten, und versammelte sich um das Wochenbett, das mit bestickten Leintüchern und der Überdecke für die großen Gelegenheiten herausgeputzt war. Aus der Küche drang der Duft der von Leontina bewachten Brühe herein, und in Erwartung der Consommé, die alle nach der Aufregung wieder zu

Kräften bringen würde, entspannte man sich und besprach diese lange, mühevolle Geburt; so intensiv, als hätten die anderen und nicht die Wöchnerin Schmerzen und Ängste leiden müssen.

»Gott sei Dank ist das jetzt überstanden«, meinten schließlich die Großeltern väterlicherseits, die alten Misdrachims. Würdevoll saßen sie da und taten so, als wollten sie die Brühe ausschlagen, damit man sie ordentlich nötigte. Ja, auch wenn sie ihre junge Schwiegertochter gern hatten, ihr freundliches Wesen und das anmutige Gesicht, sie fühlten sich in deren Elternhaus nicht recht wohl, so sehr waren sie überzeugt, dass die Toafs insgeheim auf sie herabschauten. Warum hatte ihr Sohn auch heiraten müssen? Er hatte es doch gut bei ihnen, unterstützte sie mit seinem Gehalt – klein, aber sicher! – als staatlicher Angestellter. Außerdem fanden sie, diese Toafs taten so fein und begegneten ihnen, den kleinen Händlern, reichlich hochnäsig. Irgendwann schauten sie also auf die Uhr, nickten einander zu und meinten, jetzt seien sie müde und müssten aufbrechen, nach Viareggio, wo sie lebten. Es musste doch sicher noch einen Zug geben. Giuliano arbeitete bei der Bahn. Er hatte sicher alle Züge im Kopf!

Ihr Sohn und die Toafs widersprachen entschieden. Es war schon spät und regnete heftig, ein Dezemberabend, an dem man am liebsten gar nicht erst vor die Tür ging. Für eine Nacht konnten sie doch im Zimmer des Hausmädchens schlafen. Leontina würde mit dem Sofa der guten Stube vorlieb nehmen. Die Glückliche war ja erst achtzehn, in dem Alter schläft man sogar auf blanken Steinen gut!

Also machte Leontina, damals ein hoch gewachsenes, anmutiges Mädchen vom Lande, mit lebhaftem Teint und wunderschönen, üppigen Haaren, sich das Sofa bereit. Sie war erschöpft und schmollte, weil sie unzählige Eimer mit Wasser vom Hof in den ersten Stock hatte schleppen müssen. Die Toafs lebten in einem alten Haus, das noch nicht die Vorzüge fließenden Wassers genoss. Außerdem war Leontina noch vom Anblick der qualvollen Geburt mitgenommen, vor allem, wenn sie daran dachte, dass auch ihr das eines Tages bevorstehen würde. Und jetzt musste sie auch noch den beiden Alten ihr Zimmer überlassen und auf dem unbequemen Sofa schlafen!

Als Zeichen, dass sie das ungerecht fand, hatte sie die Tür zugeschlagen, aber sofort hatte Signorina Linda, diese Zimperliese, gemeint, sie sollte ja bloß keinen Lärm machen. Die junge Mutter war eben eingeschlafen. Sie hatte schwarze Ringe um die Augen, ihr Gesicht war von den schweren Schmerzen gezeichnet. In ihrem Arm schlief die winzige Neugeborene, mit geballten Fäustchen, die roten Lider in dem kleinen Schrumpelgesicht zusammengepresst.

Murrend zog Leontina sich aus. Dann sprach sie wie gewöhnlich ihre Gebete, auch für ihren Bruder, der in die Gefahr gezogen war; der erste von dreien, die in den Krieg mussten. Sie hatte eine wunderschöne Karte von ihm, darauf er selbst, ein lächelnder, stolzer kleiner Soldat neben einer Kanone, in der Hand eine große Flagge. Mit ungelenker Schrift – er war ein halber Analphabet – sandte der Artillerist Bracci Giacomo seiner lieben Schwester Leontina Grüße und Küsse. Und sie sprach stets einige Extragebete, damit die Madonna ihn noch besser beschützte als die anderen.

Sie war wütend und müde, doch auch heute betete sie, während der kalte Wind vom Gebirge durch alle Ritzen hereindrang. Die Möbel in der selten benutzten guten Stube rochen alt und knarrten. Leontina schlief unruhig und hatte bald einen Albtraum.

Sie befand sich in einer unbekannten Stadt. Unter dem Arm trug sie ein Bündel blutiger Kleider; sie wusste, dass sie einen Ort suchen musste, um sie zu waschen. Ängstlich lief sie hierhin und dorthin, bis sie auf einen Platz kam, den ringsum eingestürzte Häuser umgaben. Auf der einen Seite sah sie grünes Wasser, einen großen Teich, und sie ging hin, um ihre Arbeit zu tun.

Kaum hatte sie sich über den Wasserspiegel gebeugt, da wich sie entsetzt zurück. Dicht unter der Oberfläche schwappte träge eine bleiche, riesig aufgequollene Hand mit gespreizten Fingern. Aus dem Handgelenk ragte wie ein Besenstiel ein langer schwarzer Knochen. Sie starrte darauf, atemlos vor Schrecken, da hörte sie die Stimme ihres Bruders Giacomo: »Leontina! Oh, Leontina, Leontina!«

Schweißüberströmt schrak Leontina aus dem Schlaf. Und da sah sie ihn, direkt neben ihrem Bett, in durchnässter, zerrissener Uniform, aus der das Blut in Strömen rann. »Leontina!«

Er blickte sie traurig an und rief noch zweimal, bevor er verschwand.

Vor lauter Schreck vergaß Leontina, dass sie nicht in ihrem Bett schlief, und tastete nach dem Lichtschalter. Sie fand ihn nicht, und das steigerte ihre Angst noch. So nahm sie ihren Rosenkranz unter dem Kopfkissen hervor und sprach rasch ein Gebet nach dem anderen, zitternd, in größter Bedrängnis. Jesus, Maria und Joseph! Was war nur geschehen?

Im Nebenzimmer schrie unterdessen die kleine Neugeborene, als würde ihre erste Nacht auf Erden ihr vor allem den Wunsch einflößen, wieder in den warmen, dunklen Frieden des mütterlichen Bauchs zurückzukehren. Aus der Küche hörte man, wie jemand das Feuer neu anfachte; die Schaufel schrappte auf der Kohle, als nachgefeuert wurde.

So prägte sich diese Nacht unauslöschlich in Leontinas Gedächtnis ein als die, »in der die kleine Misdrachim geboren wurde und mir der arme Giacomo erschienen ist«.

5

Die Katze miaute, um sich zu befreien. Jeannette schimpfte »widerliches Biest« und ließ sie fallen.

»Was sollen wir essen? Das, was die Russen uns gegeben haben, reicht noch für eine schöne Mahlzeit. Jetzt brauchen wir ja nicht mehr zu sparen!«

Dieses Geschenk, Brot und Konservendosen, war uns wie Manna in den Schoß gefallen, aus den Händen von drei Soldatinnen und zwei Soldaten, die aus einem Lieferwagen gestiegen waren. Blutjung waren sie; da der Krieg sie hatte überleben lassen, und zwar als Sieger, hatten sie frohe Gesichter, ihre lauten Stimmen sangen förmlich.

Wir saßen auf dem Eingangstreppchen in der Sonne. Sie und wir kamen aus verschiedenen Welten, daher beäugten wir uns zunächst misstrauisch. Dann grüßte uns einer von ihnen, ein Braunhaariger mit lachenden Augen:

»Guten Tag, die Damen Abraham!« – und alle lachten laut, als hätte er einen geistreichen Witz gemacht. Sie besprachen sich untereinander, dann lief eine der jungen Frauen zum Wagen und brachte ein Brot und einige Konservendosen.

»Allein?«, fragte sie, als sie die Schätze neben uns ablegte. »Allein?«

Sie gingen ins Haus und kamen so gut wie augenblicklich wieder heraus. Der Witzbold grüßte uns erneut:

»Guten Tag, die Damen Jakob!«

Und wieder lachten sie. Dann gingen sie mit raschen, langen Schritten zu ihrem Wagen hinüber, und wir saßen da, mit dem kostbaren Proviant und dem dunklen Gefühl, dass sie sich irgendwie über uns lustig gemacht hatten.

»Na? Machen wir eine Dose auf?«, fragte Jeannette.

»Das geht nicht. Sie müssen bis zur Brücke von Schwerin halten. Wann siehst du endlich ein, dass wir dorthin müssen? Wenn wir hier bleiben, dann verliert Er eines Tages die Geduld. Begreifst du das jetzt endlich?«

Jeannette weigerte sich zu begreifen. Sie wartete auf das Rote Kreuz; bis zu dessen Ankunft wollte sie hier bleiben. Die Hoffnung machte sie halsstarrig.

»Na gut, dann gehe ich eben allein. Gleich morgen. Heute ist mein letzter Tag hier, darauf kannst du Gift nehmen!« Die Worte waren mir überraschend entschlüpft. Kaum waren sie heraus, da kam es mir vor, als fielen sie wie ein Bumerang auf mich selber zurück. Mir wurde klar, wie viel Unbekanntes, Gefährliches sie bedeuteten. Mich reute, was ich gesagt hatte, aber zurücknehmen konnte ich es nicht mehr.

»Wenn du gehen willst, bitte. Ich halte dich ganz sicher nicht zurück. Mit dem Proviant machen wir halbe-halbe. Und dann auf Wiedersehen und viel Glück!«

Jeannette war entschlossen. Was sie da sagte, hatte sie ganz offensichtlich oft genug gedacht, und jetzt platzte sie voll Genugtuung damit heraus. Die Freundinnen, die wir gewesen waren, gab es nun nicht mehr; da jede von uns beiden für die andere die Erinnerung an die erlebten Qualen und Demütigungen verkörperte, konnten wir uns gar nicht wirklich frei fühlen, solange wir beieinander waren.

»Sehr gut. Fangen wir sofort an!«

»Ich bin bereit.«

Die Entscheidung war unwiderruflich, und siehe da, wir fühlten uns wirklich befreit, waren gleich wieder Freundinnen wie in Birkenau und voller Aufmerksamkeiten füreinander. Mit größter Genauigkeit teilten wir unsere Schätze auf, begleitet von zuvorkommenden Angeboten: »Ach bitte, nimm du das« – »Nein, nimm du's!« Dann gingen wir über die Felder und sammelten essbare Kräuter und Wurzeln. Es tat gut, ohne jede Hast über die feuchte, grüne Wiese zu schreiten, in der es summte und brummte.

»Und vergiss nicht dein Tagebuch!«

Keine Sorge, eher hätte ich das Brot vergessen. Dieses *Tagebuch* mit einem Einband aus imitiertem Krokoleder und einem Verschluss hatte ich am ersten Tag hier auf dem Hof entdeckt, zwischen zerrissenen Büchern und einem mit Fußtritten demolierten Radioapparat. Die Seiten waren alle noch unbeschrieben.

Das Tagebuch vergessen? Zusammen mit einem Bleistift und einer Spiegelscherbe war es mir eine bessere Nahrung als alles, was in meinen Magen kam. Wie ich »Vielleicht ist heute der 3. Mai« geschrieben hatte, das war ein großer Augenblick gewesen. Ich konnte noch schreiben! Jeannette war sehr fürsorglich und dachte an die Zukunft.

»Hast du meine Adresse deutlich geschrieben? Gib mir deine. Sobald ich in Paris bin, schreibe ich dir!«

Ich sagte, sie solle postlagernd schreiben. Das Haus von Tante Nella und Tante Linda hatte ich hinter mir gelassen, sobald ich volljährig geworden war; dann hatte ich nie wieder ein eigenes Heim gehabt.

»Postlagernd, ja, aber wohin?«

Nach Genua. Zwar wollte ich als Erstes nach Venedig, doch nur, um Oal zu suchen. Dort hatten wir uns zum letzten Mal gesehen; er war in ein Gefängnis gekommen, ich in ein anderes. Wenn er noch lebte …

»Natürlich lebt er noch! Auch wenn die Deutschen ihn nach seiner Flucht wieder geschnappt haben sollten, er ist Soldat, und Soldaten werden vom Roten Kreuz beschützt. Wenn er noch lebt … sag die Wahrheit! Du hast wohl immer mit dem Schlimmsten gerechnet, aus reinem Aberglauben?«

»Ach!«

Wenn er gehört hätte, wie ich »ach« sagte, hätte Oal sofort geantwortet: »Wer ach sagt, des Herz klagt« und hätte mich neckend aus seinen scharfen grauen Augen angeblickt. Er war stolz auf seine vielen gereimten Sprüche, behauptete aber, Sprichwörtern kaum Bedeutung zuzumessen. Auch in der Zeit, als ich ihn richtig vergötterte, gönnte ich mir daher den Spaß, darauf hinzuweisen, wenn ein Sprichwort auf ihn zutraf – auch wenn er es hartnäckig leugnete.

Mit Vorbereitungen und Kräutersuche verging die Zeit rasch, und als es dunkel wurde, legten wir uns auf das Sofa. Wegen des bevorstehenden Aufbruchs übermütig gestimmt, meinte ich, dieser gewisse Geruch sei ja fast verschwunden, und Jeannette antwortete, das sei natürlich: Ab einem bestimmten Moment trockne man nur noch ein, wie eine Mumie, und sei nicht mehr lästig. Sie jedenfalls war nicht abergläubisch; wer tot sei, sei tot. Gott sei Dank hatte sie sich nicht mit meinen Ängsten herumzuschlagen!

Jeannette schlief bald ein, aber mir gelang es nicht. Draußen herrschte tiefe Nacht. Dann rief ein Nachtvogel, ein Käuzchen vielleicht, und schon stieg mir der Leichengeruch wieder in die Nase und machte mir Angst. Wo würde ich die nächste Nacht verbringen? Ich wusste es nicht, und die Angst vor dem Unbekannten zog mir das Herz zusammen.

»Schlaf schon«, murmelte Jeannette, die aufgewacht war, weil ich mich hin- und herwälzte. »Schlaf.«

Am nächsten Morgen dann schien strahlend die Sonne, und alle Ängste waren spurlos verflogen. Ich war zuversichtlich und abenteuerlustig; so nahm ich meine Tasche – sie war armselig, grob aus zwei Stoffbahnen zusammengenäht, ich hatte sie im Bauernhof gefunden –, und Jeannette begleitete mich bis an die Straße. Unterwegs, so meinte sie, würde ich ganz sicher dem Roten Kreuz begegnen.

»Auf Wiedersehen! Viel Glück! Wir sehen uns in Paris!«

»Bis bald!«

Nach unseren Umarmungen blieb sie am Straßenrand stehen und winkte mit großen Bewegungen. Dann ging sie ins Haus zurück, und ich schritt aus, ohne mich umzudrehen, meine Tasche über der Schulter hängend, den Blick auf die breite, gerade Straße gerichtet. Große Alleebäume säumten sie. Ich wusste nicht, wo ich war, nur gerade, wohin ich wollte, aber ich wanderte allein und frei über diese schöne, verlassene Straße dahin, und das genügte, um mich vor Freude jubeln zu lassen. Endlich!

»Endlich unterwegs nach Hause!«

Halblaut suchte ich Wort um Wort zusammen und sagte mir das Gedicht auf, mit derselben Glut, mit der T'ao, der Dichter, es vor Jahrhunderten geschrieben hatte.

»Endlich unterwegs nach Hause!
Nach vorn weist der Weg
durch grüne Wiesen
am hellen Morgen.
Was geschehen ist, liegt hinter mir ...«

Wie oft hatte ich mich mit Tante Nella gezankt, diesem prosaischen Geist, die fand, Gedichte seien zu nichts nütze! Heiße Luft, in den Wind gesprochen!

Ich hatte nie anders als mit Wut und trockener Theorie zu reagieren gewusst. Jetzt, mit den Erfahrungen aus Birkenau, wusste ich, wie viel Trost Gedichte spenden können. Zufluchtsorte sind sie, an die der Geist sich vor der furchtbaren Welt zurückziehen kann. Ich empfand Bedauern. Warum, warum nur hatte ich T'aos Gedicht nicht vollständig auswendig gelernt?

»Halb gemacht, nicht gemacht«, hätte Oal gespottet.

6

Ein Schild und ein paar verstreut liegende Häuser kündigten die Nähe eines Dorfes an, doch ich hatte keine Eile, es zu erreichen. Ich meinte, es müsse eines sein wie die, durch die wir gekommen waren, als man uns so überstürzt aus Malchow weggebracht hatte: Unsere Aufpasser wollten den Russen nicht die Befriedigung gönnen, die Tore zu sprengen und uns aus dem Lager zu befreien. So trieben sie uns fort und wussten nicht einmal wohin, über die Straße, die wie ein Fluss bei Hochwasser wirkte: wir, die Flüchtlinge, Militärkolonnen mit viel zu jungen Soldaten und viel zu alten, alle schlaftrunken und zu Tode erschöpft.

Ich fand, ein Dorf könne gar nicht anders sein als grau und trostlos, daher verlangsamte ich den Schritt und betrachtete lieber einen anmutig blauen kleinen See. Er lag nah im Grünen, er war ein Freund. Ich lief hin und tauchte die Hand ins Wasser, um ihn zu grüßen, dann legte ich mich in das Ufergras und schloss die Augen halb wie eine zufriedene Katze. Jetzt brauchte ich T'aos Gedicht erst mal nicht mehr.

Es war schon schön und poetisch genug, inmitten dieses Idylls zu spüren, dass ich lebte, und dann und wann die Augen aufzuschlagen, um das klare Wasser zu betrachten oder einen kleinen Wirbel blauer Schmetterlinge, die einen Kuhfladen umtanzten. Ich musste mich sehr ermahnen, fast mit mir schimpfen, um die Kraft zum Aufstehen und Weitergehen zu finden und den glücklichen See hinter mir zu lassen. Das Dorf, die Leute… ach, wie schön wäre es gewesen, wenn ich noch hätte Körper und Seele in diesem Wasser baden können.

Das Dorf war schon näher, als ich gedacht hatte; flach und groß war es, niedrige Häuser säumten die Landstraße. Es wirkte verlassen. Dann erblickte ich doch die eine oder andere Frau, ein paar alte Männer. Alle, an denen ich vorüberkam, schauten zu

Boden oder starrten fest in eine andere Richtung, mit einem leeren Blick, der sich weigerte, mich zur Kenntnis zu nehmen.

Also tat ich wie sie. Stolz richtete ich mich auf, ließ unbekümmert meine Tasche an der Schulter baumeln und legte den fröhlichen Schritt eines Wanderers an den Tag, der einem ersehnten Ziel entgegengeht. *Scheiß drauf!*

Dies war kein schönes Dorf, aber dennoch, es gab hier Dinge, die ich vergessen hatte und jetzt begeistert wiederentdeckte: kleine Gardinen hinter glänzenden Fensterscheiben, in der Sonne flatternde Wäsche, Vasen mit Blumen in Fenstern. Vor einem Haus saßen zwei kleine blonde Kinder auf dem Eingangstreppchen und spielten schweigend und ernst.

So gelangte ich, ohne es zu bemerken, auf einen Platz, wohl den Marktplatz. Vor einem gedrungenen, offiziell wirkenden Gebäude hielt ein russischer Soldat Wache: »Kommandantur« war auf einem notdürftig hergestellten Schild zu lesen. Vom einzigen Balkon im ersten Stock wehte eine große rote Fahne.

Fasziniert blieb ich stehen. Eine rote Fahne hatte ich wohl noch nie gesehen, zu Hause hatte man darüber gesprochen, irgendwie geheimnisvoll-missbilligend und verängstigt. Das ließ sie groß und schrecklich wirken. In der Schule hatte man mir beigebracht, sie sei die Fahne der Subversiven und man müsse sie verachten und hassen. Von diesen »Subversiven« redete mein Cousin Enrico häufig und voller Zorn; er hatte im Oktober 1922 den Marsch der faschistischen Verbände auf Rom mitgemacht und hieß in der Familie nur der »Erzfaschist«. Auch eine Freundin meiner Tanten sprach über die rote Fahne, Signora Pieri, bei der Leontina früher gearbeitet hatte; sie schickte sie zu uns, als ihre eigenen Söhne groß genug wurden, dass das Mädchen sie hätte in Versuchung führen können.

Fett, klein, rosig, mit ihrem modisch kurz geschnittenen silbergrauen Haar wirkte Signora Pieri wie das Inbild der Gutherzigkeit. Aber sie explodierte schier, wenn die Rede auf die

Zeit unmittelbar nach dem Ersten Weltkrieg kam, als man an die Gartenmauer ihrer Villa geschrieben hatte: »Eigentum ist Diebstahl, wer besitz ist ein Dieb«. In großen Druckbuchstaben hatte das da gestanden, mit roter Farbe. Nach so vielen Jahren war der Schriftzug fast nicht mehr zu erkennen, aber der Signora schwoll immer noch die Zornesader.

»›Wer besitz‹, ohne das t! Und so was will an die Macht!«

Leontina war die Tochter ihrer Pächtersleute, und Signora Pieri hatte sie in Dienst genommen, als sie zwölf Jahre alt war und dürr wie ein Grissino. Dass daraus dann eine so schöne junge Frau wurde, hatte sie als eine weitere Respektlosigkeit der subversiven Pächter empfunden.

Und Leontina selbst? Die Tanten erzählten, dass Leontina anfangs, wenn sie sich richtig über etwas geärgert hatte und es ihnen heimzahlen wollte, aus voller Kehle »Bandiera rossa« sang. Mehr als einmal hatten sie ihr gedroht, sie wegen dieser Provokation zu entlassen. Sollte sie doch zurückgehen und mit der Hacke auf dem Feld buckeln, wenn sie das Haus nicht mehr zu schätzen wusste, in dem man sie wie ein Familienmitglied behandelte! Dann hatte Leontina ein Mitglied der faschistischen Miliz geheiratet, und nicht nur, dass sie nie wieder dieses Lied sang, sie brach auch den Kontakt zu einem ihrer Brüder ab, der im ganzen Dorf als Roter verrufen war. Wenn sie uns sonntags besuchte, trug ihr kleiner Sohn die Uniform der faschistischen Jugendorganisation. Nun, die Ersten, die mir wirklich von der roten Fahne erzählt hatten, sogar, dass es in meinem Dorf rote Fahnen gab, waren Oal und sein Bruder Vincenzo gewesen, der, weil er die rote Fahne die Hoffnung der Welt nannte, polizeilich registriert war. Oal, der alte Querkopf, meinte dazu nur, das Beste für die Welt wäre, wenn es gar keine Fahnen mehr gäbe.

»Nicht einmal die Trikolore?«

»Nicht einmal die Trikolore!«

Ich war verblüfft. Meine Tanten legten großen Wert auf Patriotismus, und auch ich mochte die italienische Trikolore und sah sie voll Zuneigung flattern.

»Sie ist ein Symbol«, sagte ich. »Gedanken und Gefühle brauchen Symbole als Ausdrucksmöglichkeit. Natürlich, sie ist ein Stück Stoff! Aber wenn du sie anschaust, dann löst das doch Gefühle aus …«

Oal wehrte ab, das sei alles Unfug. »Was für Gefühle? Erklär mal!«

Hinterhältig musterte er mich aus dem Augenwinkel, denn er erwartete, dass ich gleich meinen Großvater Toaf anführen würde, der mit Garibaldi gezogen war, und ich dumme Gans fiel jedes Mal darauf herein. Oal lachte und meinte, wenn mein jüdischer Onkel mit Garibaldi gezogen war, dann hatte er zuvor seinen Nutzen erwogen und die Sache für gut befunden.

»Was für einen Nutzen? Er war ein junger Kerl, und dann mehr als vierzig Jahre lang ein kleiner Angestellter bei der Post. Mit Garibaldi ist er aus Liebe zum Vaterland gegangen!«

Oal provozierte mich weiter, mit der Behauptung, als Jude sei mein Großvater rein irrtümlich in Italien geboren worden. In Wirklichkeit sei er nämlich ein Orientale. Einer aus Palästina.

»Worum bittet er seinen Gott, wenn er betet? Dass er ihn nach Jerusalem zurückbringt. Nichts von wegen, dass er hier bleiben will!«

Da wurde ich wirklich wütend und wollte ihm den Mund verbieten. Er sei eben nicht richtig informiert, wandte ich ein. Er begriff, dass es jetzt genügte, und drückte mich an sich.

»Willst du dich mit mir streiten, weil ich etwas Böses über Garibaldi gesagt habe?«

Mittlerweile jedenfalls wusste ich es besser. Ich hätte ihm erzählen können, dass in Birkenau zwar tatsächlich alle Juden den gelben Stern auf der Kleidung trugen, doch immer mit dem Anfangsbuchstaben ihrer Nation gekennzeichnet. Ich trug ein »I«, Italia. Also …

Fasziniert starrte ich auf die Fahne, während der Posten mich voll Misstrauen ansah. Ich bemerkte es erst, als ich näher trat; ich wollte in der Kommandantur Erkundigungen über meinen Weg einholen. Vielleicht würde man mir auch Brot oder einen Teller Suppe geben. Die Lagerkleidung, die ich immer noch trug, sprach doch für mich, so meinte ich …

Dem Wachposten allerdings sagte sie überhaupt nichts. Er runzelte die Stirn und zückte forsch das Gewehr, und da ich nicht innehielt, richtete er es auf mich. Da blieb ich stehen. Seine kleinen, eng stehenden Augen funkelten wie zwei Stück Koks. Bedrohlich.

Da begriff ich endlich, und sofort fiel meine Hoffnung in sich zusammen, lag da wie ein gebrauchtes Präservativ. Angeekelt drehte ich mich um und verließ das Dorf mit eiligen Schritten. Es dauerte länger, bevor ich wieder Zwiesprache mit der Landschaft halten konnte, mich wieder froh und frei fühlte, frei von der dreckigen Gegenwart der Menschen.

»Endlich! Endlich!«

So sprach ich im Rhythmus meiner Schritte. Ich grub in meinem Gedächtnis, um den großen Tag heraufzuholen, jede einzelne Stunde jenes großen Tages, an dem ich einst mit demselben wunderbaren Freiheitsgefühl »endlich!«, gesungen hatte. Es kostete nicht viel Mühe; alle diese Stunden kamen mir auf der Straße entgegen, und ich brauchte mich nur bald der einen zuzuwenden, bald der anderen, wie alten Freundinnen.

»Endlich!«

Gesagt, gesungen, getanzt hatte ich es an dem Tag, als ich das Haus meiner Tanten verließ, um so zu leben, wie ich es wollte, nicht so, wie meine Familie es wünschte. Lange hatte ich darauf warten müssen, eine lange, harte Zeit.

7

Achthundertfünfundfünfzig Tage lang hatten sie es ihr gepredigt.

Was sollte das, woher hatte sie nur diese verrückte Idee, dass sie arbeiten wollte? Und nicht mehr zu Hause leben wollte?

Sogar Tante Nella, die zu ihrer Zeit mit ihren Eltern hatte kämpfen müssen, um studieren und ein Diplom als Buchhalterin erwerben zu können, schien vergessen zu haben, was sie einst durchgesetzt hatte; sie war die Erbittertste von allen.

Warum konnte Elmina es denn nicht machen wie andere Mädchen und in aller Ruhe zu Hause auf einen Mann warten? Was sollte diese Geschichte, von wegen Journalistin werden? Allein in der Welt herumzufahren?

Sie hatte zu viele Bücher gelesen, das war der Fehler. Die waren ihr zu Kopfe gestiegen. Schuld war ihre Cousine Doda, die ihr immer welche geliehen hatte!

Hatte sie denn ein Herz aus Stein, empfand sie keine Pflichten gegenüber den Ihren? Seit dem Tod ihrer armen Mutter hatten sie sie großgezogen, hatten es ihr erspart, unter der Stiefmutter aufzuwachsen, mit der der Witwer sich so bald getröstet hatte. Ah, die Männer sind doch alle gleich! Eineinviertel Jahre nach dem Tod seiner jungen Frau hatte er eine neue Familie gegründet. Und statt dass sie sich jetzt verpflichtet fühlte, ihnen im Alter eine Freude zu sein …

Elmina verspürte kein Pflichtgefühl. Sie zählte die Tage – »Als wäre sie im Gefängnis!«, regte sich Tante Linda auf –, und wie eine Gefangene stand sie am Küchenfenster, um einzelne Blicke auf die Außenwelt zu erhaschen. Die Küche lag am Ende eines langen Flurs, sie war der äußerste Raum des Hauses. Dass alle Fenster vergittert waren – sie wohnten im Erdgeschoss –, verstärkte den Eindruck des Gefangenseins, was sie eine bittere Genugtuung empfinden ließ: Ja, sie lebte wirklich im Gefängnis!

Auch an dem Tag, der eine so wichtige Rolle in der Landschaft ihres Lebens spielen sollte, stand sie am Küchenfenster, ängstlich darauf bedacht, den Briefträger abzupassen, bevor er den gelben Umschlag mit der amtlichen Mitteilung in den Briefkasten stecken würde. »Aufgrund Ihres Antrags … etc., etc. … den Dienst als Betreuerin in der Ferienkolonie an der Küste in X antreten … etc., etc.«

Sie wollte ihn abfangen, denn sie war überzeugt, dass die Tanten imstande wären, die Mitteilung einzukassieren und zu zerreißen, was die Ärmsten natürlich nie getan hätten, trotz ihrer Empörung, dass die Nichte nicht einmal bis Oktober warten wollte, um den Unterricht zu beginnen, in diesem Kaff bei Volterra, wo sie per Losverfahren eine Stelle als Lehrerin gefunden hatte. Nein, sie musste auch noch den Sommer über als Betreuerin arbeiten, in der Nähe von Livorno, wo sie überdies – welche Schande – für eine Zeitung schrieb.

War es ihr denn so lästig, den Sommer noch mit der Familie zu verbringen, ein, zwei Monate zu warten? Na, sie würde schon sehen, was sie davon hatte! Sie würde schon sehen, was es bedeutete, allein zu sein, keine Familie in der Nähe zu haben, die sie unterstützte. Wenn die Tür erst einmal zu war, dann sollte sie nichts mehr von ihnen erwarten!

Der Briefträger kam und kam nicht, auch als Elmina den Kopf zwischen den Stäben hindurchsteckte. Doch auf einmal platzte Tante Nellas Stimme hinter ihr mit einem Wort heraus.

»Da!«

Mit spitzen Fingern hielt sie ihr einen gelben Umschlag hin.

»Jetzt kannst du dich freuen!«

Die Buchhalterin Nella Toaf war eine mittelalte Jungfer, groß, eckig, streng, mit einem kugelrunden Muttermal neben der gebieterischen Nase. Sie gehörte zu jener geplagten Gattung der eigentlich gutmütigen, doch stets schlecht gelaunten Menschen; ihr großzügiger Sinn, der zu jeder Freundlichkeit fähig war, ließ sich mitnichten aus ihrem aggressiven Gesicht ablesen, aus ihrem zupackenden, oft rauen Wesen. In Nellas Träumen war Elmina die Nachfolgerin ihrer toten Schwester, Elminas sanfter Mutter, der, so behauptete sie hartnäckig, die Nichte ähnelte.

Elmina (die sich an ihre Mutter absolut nicht erinnern konnte) hatte jedoch andere Pläne. Ihre Tanten, vor allem Nella, die, da sie arbeitete, als Familienoberhaupt fungierte, hatten zunächst geweint. Später klagten sie mit zunehmender Verbitterung über den Verrat.

»Dann kannst du endlich zufrieden sein!«

Die Anstrengung, ihre innere Erregung zu bemänteln, ließ Nella Toafs Gesicht zu einer feindseligen Maske erstarren, die nicht verriet, wie sehr der Abschied sie quälte. Auch wegen dieses äußeren Scheins wollte Elmina nicht glauben, dass Nella sie eigentlich liebte, allerhöchstens mit jener verqueren Liebe, die sich im praktischen Leben durch dieselben Regungen ausdrückt wie Abneigung oder gar Hass.

»Vergiss nicht, Linda darf nichts davon wissen«, hatte Nella zunächst gemeint. »Dieser Schlag, bei ihrer Schwäche ... Ein bisschen Rücksicht, wenigstens das!«

Tante Lindas Schwäche ... Seit über zwanzig Jahren, als ihr Verlobter im Ersten Weltkrieg gefallen war, versuchte Linda Toaf – ohne ihr Wissen scherzhaft die »Ehrenwitwe« genannt – mit ihrer Herzschwäche Rücksichten zu schinden. Als jüngste der drei Schwestern wusste sie Nellas Beschützerinstinkt zu wecken. Wegen Lindas Herzschwäche, war sie nun tatsächlich oder eingebildet, wuchs Elmina umgeben von Äther- und Salzdämpfen auf und konnte Spritzen setzen und Umschläge machen, lange bevor sie lernte, sich die Nase zu pudern.

»Merkst du nicht, dass die Milch überkocht? Riechst du es nicht?«

Wirklich, die Milch drohte das Herdfeuer zu löschen und erfüllte die Küche mit brenzligem Geruch. Türeschlagend ging

Nella hinaus, und Elmina nutzte das Alleinsein, um dieses Blatt Papier, das ihr Leben so hell scheinen ließ, immer wieder zu lesen. Achthundertfünfundfünfzig Tage warten bis heute ... War jetzt der große Augenblick gekommen? Sie hatte es sich so gewünscht, dass es ihr jetzt fast unmöglich schien. Kurz war sie ganz benommen, weil sie kaum glauben konnte, dass ihr großer Wunsch jetzt Wirklichkeit werden sollte.

Sie nahm die Milch vom Feuer und weichte die Pflaumen für Lindas Verdauung ein. Dann lief sie in das Zimmer, wo einst die junge Leontina geschlafen hatte, das »Schrankzimmer«, wie sie zu Hause sagten, denn drei große Schränke standen darin, riesenhaft und glänzend. Unter einem braunen, mit schwarzen Leisten verstärkten Wachstuchüberwurf wartete dort auch der große Koffer, in dem Elminas Mutter ihre Aussteuer aufbewahrt hatte; wenige Tage, nachdem ihre erste Menstruation ihr zeigte, dass sie nun das heiratsfähige Alter erreicht hatte, hatte sie zu sticken begonnen. Bei ihrem Tod hatten ihre Schwestern sorgfältig ihre besten Stücke dazugelegt: ihr letztes elegantes Kleid, die Handtücher und Tischdecken aus flämischem Leinen, den bescheidenen Schmuck. All das roch nach den langen Jahren unter Verschluss muffig, nach Gruft.

Auch Elmina bewahrte das Wenige, das sie besaß, in dem Koffer auf. Jetzt öffnete sie ihn, ordnete noch einmal alles und sicherte den Koffer mit einem Vorhängeschloss. Für den Transport hatte sie schon mit der Spedition im Gebäude neben dem einzigen Ort gesprochen, den sie dank Lindas Leiden regelmäßig aufsuchte: der Apotheke der Pieris. Für sie war diese Apotheke wie von der Vorsehung geschickt – und eine willkommene Kupplerin.

Armandos Büro befand sich nämlich in dem Häuserblock gegenüber, und dank dieser Nähe hatte Elmina immer die zehn Minuten abzweigen können, die sie benötigte, um in den ersten Stock zu eilen, mit Armando zu sprechen, sich von ihm küssen zu lassen und die Küsse mit einer Leidenschaft zu erwidern, die ihm schmeichelte und ihm zu denken gab; sie riss ihn gar zu schwärmerischen Fluchtplänen hin. Ach, Armando!

Er war ein schöner Fünfziger, galant, doch zurückhaltend, ein Familienvater, der jegliche amouröse Gelegenheit ergriff, die das Gleichgewicht seines Lebens nicht in Gefahr bringen konnte. Tante Nella (sie war mit ihm zur Schule gegangen und hatte jetzt beruflich mit ihm zu tun) hätte der Schlag getroffen, wenn sie von Elminas Besuchen in jenem Büro erfahren hätte, dessen Tür sie nie ganz zu schließen wagte, oder gar von den kleinen Freiheiten, die er sich bei seinen Besuchen im Hause Toaf herausnahm.

»Ich kenne dich doch schon, seit du in den Windeln lagst!«

Mit diesem heiligen Wort durfte Armando sich Elmina scherzhaft auf den Schoß ziehen und sie unter den unschuldig freudevollen Blicken der Tanten in den Arm nehmen. Den Satz bekam Elmina oft zu hören.

Alle Älteren, die ins Haus kamen, vor allem die uralten noch lebenden Freunde des verstorbenen Cavaliere Toaf, hatten offenbar das Bedürfnis, Elmina zu erklären, dass sie sie kannten, seit sie das Licht der Welt erblickt hatte. So nahmen sie sie väterlich um die Hüfte und tätschelten ihr die Wangen, doch sobald sie mit ihr allein waren, fingen sie lüstern an zu fingern, überall, vor allem seit die Brust des Mädchens sich zu runden begonnen hatte.

Von Sex wusste Elmina nichts, nicht einmal dem Namen nach. Dennoch begriff sie, dass es unklug gewesen wäre, den Tanten von diesen Berührungen zu erzählen; daher hatte sie es stets vermieden, um bloß nicht das unumgängliche Gewitter auszulösen, und hatte sich darauf beschränkt, den gierigen Händen aus dem Weg zu gehen. Zwar war sie vollkommen unschuldig, technisch gesehen, doch war sie zu der Überzeugung gelangt, dass gewisse Bereiche ihres Körpers – die Tanten nannten sie nie beim Namen, sagten stets nur »da oben« und »da unten« – Macht über die Männer besaßen; deren Gesichter verzerrten sich, ihr Atem ging schwerer, ihre Augen wurden ganz klein.

Lag das an ihrem Alter? Ach ja, die Alten! Manchmal wirkten sie richtig furchterregend.

Sie fragte sich nie, ob die jungen Männer, die sie auf der Straße sah, ebenso gehandelt hätten und ob ihr das gefallen würde, denn sie verliebte sich in Armandos schöne graue Haare und in seine imposante Erscheinung, war geschmeichelt von seinen vorsichtigen Komplimenten und davon, dass er ihre Pläne so ernst nahm und sie befürwortete.

Elmina hatte Privatunterricht, ging nicht zur Schule. Kein Junge kam ins Haus, und so wurde Armando für vier lange Jahre ihr geheimer steter Gedanke. Auf ihn, den sie selten und nur unter Schwierigkeiten sah, richtete sie ihr großes Liebesbedürfnis. Trotzig liebte sie ihn umso stärker, je mehr man im tristen heimischen Gefängnis versuchte, ihr ihre verschrobenen Pläne auszureden, je vorwurfsvoller dort das Schweigen und je schlimmer die Wutausbrüche wurden.

»Endlich, endlich!«

Um die Wahrheit zu sagen, an Armando dachte sie nicht besonders, als sie an jenem Tag zum Bahnhof ging. Ein alles ergreifendes Freudengefühl – ihre Hände und Füße freuten sich, ihr Blut, ihre Nerven, ihr Haar – verhinderte jeden anderen Gedanken als den, dass sie jetzt endlich allein und allein für sich verantwortlich war, dass sie jetzt auf all das hinleben konnte, was sie sich wünschte, so viel Aufregendes, Wunderschönes. Dazu gehörte auch der Wunsch, Armando ohne angsterfüllte Blicke auf die Uhr zu treffen, ohne dass sie auf jeden Schritt lauschen mussten. Endlich!

Sie glaubte, nie im Leben würde sie einen solchen köstlichen Freiheitsrausch noch einmal erleben. Natürlich konnte sie nicht wissen, dass sie ihn flüchtig noch einmal in Deutschland genießen würde, auf jener Straße, die, so hoffte sie zumindest, sie zur Brücke von Schwerin führte.

8

»Ein paar Kilometer mehr oder weniger, das ist uns doch scheißegal. Die Straße bringt uns hin, immer geradeaus, so viel ist sicher. Oder willst du wie diese Verrückte jede Deutschenfresse danach fragen, die uns über den Weg läuft?«

Vito und Genovefa saßen auf dem Bock des Pferdewagens, Benito und der Volterraner waren abgesessen und gingen nebenher; Salvatore und ich saßen auf dem Wagen, das heißt, eher kauerten wir zwischen Säcken und Bündeln. Außerdem war da noch der zum Bersten gefüllte, mit einem Strick zusammengebundene Koffer Genovefas.

»Du hast Recht!«, pflichtete ich ihm fröhlich bei. »Ein paar Kilometer mehr oder weniger ...«

Eine Viertelstunde früher hatte ich noch nicht so gedacht, da war ich todmüde in eine Hütte mitten auf einem Feld gestolpert. Buchstäblich zusammengebrochen war ich, hatte mir den Proviant als Kissen untergelegt, verzagt bei dem Gedanken, dass ich nichts hatte, um mich gegen die feuchtkalte Nacht zu schützen.

Und wenn ... wenn da drin irgendein Tier wartete? Wenn sich mir eine Spinne oder ein Skorpion auf den Kopf fallen ließ?

Misstrauisch musterte ich die Wände der Hütte, als eilige Schritte näher kamen. Besorgt stützte ich mich auf die Ellbogen, da stürmte auch schon eine junge Frau herein und fiel beinahe über meine Beine. Sie war eben dabei, ihren Rock zu raffen.

»Oh!«, rief sie und hielt inne.

Überrascht schauten wir uns an, beide zur Verteidigung bereit. Sie drehte sich um und rief etwas in einer seltsamen Mischung aus italienischen und slawischen Brocken, darunter zwei Namen: »Vito! Salvatore!«

Dann stellte sie mir die übliche Frage. Sie auch! Wenn jemand weder Slawe noch Deutscher war, konnte er offenbar nur Franzose sein.

»Franzuska?«

»Nein«, antwortete ich, angenehm überrascht, dass ein Vito und ein Salvatore in der Nähe waren. »Italianska. Und du?«

Sie war Polin. Zusammen mit den anderen unterwegs zur Brücke von Schwerin, aber Polin. Warum dann dorthin? Das fand ich eigenartig und schaute sie voll Neugier an.

Aus Liebe. »Vito kennen gelernt, als er arbeiten für Deutschen, schlecht, viel schlecht. Ich helfen, weil arbeiten frei. Vito große Liebe. Jetzt nach Italien und heiraten.«

Unterdessen waren ihre Reisegenossen, die an der Straße warteten, ungeduldig geworden und riefen spöttisch, ob Genovefa immer noch nicht fertig sei.

»Italianska hier!«

Wir traten aus der Hütte. Sie verschwand um die Ecke; ich ging zur Straße, auf der ein Pferdewagen und vier Männer in zerschlissenem Feldgrau standen. Wie ich später erfuhr, waren die Uniformen über Jugoslawien aus Albanien gekommen; Vitos sogar aus Griechenland.

Mehr oder weniger um die dreißig schienen sie zu sein, und sie wirkten gar nicht so abgerissen. Nun ja! Gilberts Theorie über die Italiener zufolge wussten sie, was sie wollten und wie sie es sich beschafften. Nur einem der vier, dem Jüngsten, Schmalsten, sah man Schmerzen und Erschöpfung an.

»Was tust du hier? Bist du allein?«

»Ja. Ich war den ganzen Tag unterwegs, und jetzt wollte ich in der Hütte ausruhen.«

Mittlerweile war auch Genovefa wieder da; einer sprang vom Wagen und ging ihr entgegen. Das musste Vito sein, die »große Liebe«, ich erkannte es daran, wie sie sich bei ihm unterhängte. Er betrachtete sie voller Besitzerstolz.

»In der widerlichen Hütte wolltest du übernachten?«, fragte der Eine, ein lang aufgeschossener, hagerer Mann mit aufgewecktem Gesicht. Sein Akzent war unverkennbar toskanisch, und die dunklen Augen wirkten sympathisch. Ich erkundigte mich, woher er stammte, und er antwortete, er sei Etrusker. »Will sagen, aus Volterra!«

Ah, dann waren wir ja so gut wie verwandt: Ich kam aus Pisa. Volterra kannte ich sehr gut, ich hatte ein ganzes Jahr dort als Lehrerin verbracht.

»Na, aber so ein Zufall!«

Sie machten mir Platz auf dem Wagen, und ich fuhr mit ihnen, erzählte Teile meiner Geschichte und hörte mir interessiert die ihren an, zufrieden, so bequem und angenehm mit Landsleuten zu fahren, statt in der Hütte bei Spinnen und Skorpionen zu frieren. So hatte der Tag ein gutes Ende. Mittlerweile wurden die Schatten lang, die Sonne würde bald untergehen.

»Wir müssen weiter und ein Haus suchen.«

Bald tauchte ein Bauernhof auf. Salvatore bog in die Seitenstraße ein, die hinführte, und brachte das Pferd auf dem Dreschplatz vor einem der Wirtschaftsgebäude zum Stehen.

Das Haus wirkte verfallen und menschenleer, wie der Bauernhof, von dem ich kam, doch zum Glück stank es hier weder nach Exkrementen noch nach Verwesung. Auf den Fußböden waren Spuren von Lagerfeuern zu sehen; Türen und Möbel hatte man verbrannt, aber es gab noch zwei Etagenbetten mit aufgeschüttetem Stroh darin. Sofort setzte ich mich auf den Rand eines unteren Bettes. Der kleine, kränkelnde Blonde kletterte nach oben und breitete dort eine Soldatendecke aus.

»Wenn dir heute Nacht kalt ist«, sagte er halb ernst, halb

scherzhaft, »dann komm hoch, sie reicht für uns beide.« Er fing an zu plaudern und erwies sich als sympathisch.

Sein Name war Benito, er stammte aus einer Familie venezianischer Bauern, die es nach Äthiopien verschlagen hatte. Nach Italien war er nur zum Militärdienst gekommen. Er und seine Geschwister waren zu zehnt. Ihre Eltern hatten für den Kinderreichtum eine Auszeichnung erhalten, es war sogar in der Sonntagsausgabe des *Corriere* ein Foto erschienen, »eine der schönsten Familien Italiens«. Benito öffnete seinen Geldbeutel und zeigte mir den Zeitungsausschnitt. Auch er war darauf zu sehen, als Neugeborener, aber schon im Schwarzhemd und mit den weißen Hosenträgern der »Söhne der Wölfin«, der faschistischen Jugendorganisation. Er und seine Geschwister hatten erst zur Verstärkung der Kolonialmacht gedient, dann als Kanonenfutter für die Kriege ihres Landes.

Dafür, dass er Benito hieß, meinte ich, war er wohl allen möglichen Witzeleien ausgesetzt, die oft sicher eher seinen berühmten Namensvetter verunglimpfen sollten. Er war jedoch gelassen, es machte ihm nichts mehr aus, vielleicht war er einfach zu krank, um wirklich wütend zu werden. Später hörte ich öfter, wie er vom »Duce« sprach, doch offensichtlich war das für ihn ein Name wie Mario oder Beppe. Er hegte nicht den wütenden Groll der anderen, aus seinem Schweigen sprach eher eine Art betrübter Vorwurf gegen den Wahnsinn eines Menschen, der sich vom Ehrgeiz blenden lässt und vor lauter Eigensinn und Großtuerei sich und andere ins Verderben stürzt.

Während wir uns unterhielten, wurden in der Küche erboste Stimmen laut. Vito und Salvatore stritten eigentlich nur wegen des Feuers, doch es klang, als hassten sie einander bis aufs Messer.

»Hörst du sie? Sie sind Cousins, aber sie können sich nicht ausstehen. Genovefas Schuld.«

»Warum? Flirtet sie mit Salvatore? Ist Vito eifersüchtig?«

Die Geschichte versprach nichts Gutes. Vito war in der Tat seit Jahren mit einer von Salvatores Schwestern verlobt. Solange Genovefa eine Kriegseroberung zu sein schien, die gemeinsam mit dem Krieg zu Ende gehen würde, hatte der zukünftige Schwager nichts einzuwenden gehabt. Typisch Mann: Vielleicht würde er ja auch noch eine Genovefa treffen! Doch dann versprach Vito ihr, sie nach Italien mitzunehmen; er brachte ihr bei, ihn »marito« zu nennen, ihren Ehemann, und sie nannte ihn hundert Mal am Tag so. Da sah Salvatore die Sache auf einmal ganz anders. Er dachte an seine Schwester: Das konnte er sich nicht bieten lassen. Schon gar nicht von so einer.

Genovefa sei eine schlimme Hure, meinte Salvatore. Ein Pfiff, und sie würde mit ihm mitgehen. Sie sei eine Schlampe, das merke doch jeder.

In der Tat hatte es immer Zeugen für ihr Liebesleben gegeben, im Lager, weil stets jemand Schmiere stand, um vor den Deutschen zu warnen, und später während der gemeinsamen Reise. Anfangs hatte Salvatore gemeint, sein künftiger Schwager würde dem Mädchen das Märchen von Italien erzählen, um es bei Laune zu halten. Dann, an der Brücke von Schwerin, spätestens an der Grenze, würde er sie fallen lassen, wie es sich gehörte. Statt dessen war er ihr hörig. Und Genovefa?

Die war nicht in ihr Dorf zurückgekehrt, nein, sie hing an ihm wie eine Klette, und jetzt nannte sie ihn auch noch »marito«. Und nachts erst, was war das für ein Theater!

Diese arme Genovefa, die man an der Grenze stehen lassen wollte wie einen alten, ausrangierten Koffer, weckte mein Mitleid. Sie begehrte diesen Mann so, wie er sie begehrte, und dafür nannten die anderen sie Hure, statt ihr dankbar zu sein. Das fand ich furchtbar ungerecht.

»Was meinst du, wie geht das aus?«

Tja! Wenn Genovefa tatsächlich die Ärmste ausstechen sollte, die zu Hause auf dem Dorf saß und an ihrer Aussteuer nähte, dann würde es sicher ein Unglück geben. Aber erst einmal stand dazwischen noch die Brücke von Schwerin. Genovefa war Polin. Die Russen wollten niemanden von ihrer Seite zu den Engländern wechseln lassen. Und mit den Russen war nicht zu scherzen!

Ich hätte gern weitergeredet, doch da kam Vito ins Zimmer. Ganz offensichtlich wollte er auch mit uns einen Streit vom Zaun brechen.

»Was sitzt ihr hier gemütlich rum, während die anderen sich abrackern? Sucht Holz, sammelt Salat!«

»Chicoree? Radicchio? Was hätte der Herr denn gern?«

»Was du willst, solange es nicht giftig ist!«

So brach ich auf und streifte über die Felder, suchte essbare Kräuter und dachte über Genovefa nach. Hübsch war sie ganz gewiss nicht, und auch nicht besonders sympathisch. Sie hatte zwar ein rundes, helles Gesicht, passend zu den hellblonden Strähnen, die widerspenstig unter dem weißen Kopftuch hervorlugten. Ihre Nase war wohlgeformt, die Lippen hätte ein überschwänglicher Dichter wohl als »korallen« bezeichnet. Aber ihre harten Augen gefielen mir ganz und gar nicht, sie blickten herausfordernd, wie die jener Polinnen und Ukrainerinnen, die in Birkenau die Neulinge und die Schwächsten herumschikaniert hatten. Aber zugegeben, sie war frisch, jung, hatte einen geschmeidigen, weißen Körper; üppig wie reife Früchte wölbten sich ihre Brüste unter dem Hemd. Vielleicht konnte sie es doch mit der fernen Verlobten aufnehmen?

Jetzt kam aber der Volterraner – alle nannten ihn so – herbei, eine Pfanne in der Hand. Er ging ganz vorsichtig und hielt sie fast liebevoll, als würde er kein Küchengerät tragen, sondern einen Säugling.

»Schau mal, was ich habe! Hier, trink einen Schluck!«

Es war Milch. Schäumend und noch warm, wie Balsam glitt

sie die Kehle hinab. Der Volterraner erzählte, er hätte eine Kuh entdeckt und sofort gewusst, was zu tun war.

Aber die Pfanne? Ging er denn mit einer Pfanne spazieren?

Der Volterraner – er war älter als die anderen und der einzige Verheiratete – lächelte zufrieden über das ganze knochige Gesicht.

Ganz genau. Er war aus Erfahrung klug, immer bereit, eine gute Gelegenheit beim Schopfe zu packen. Wie sagte das Sprichwort? »Zur rechten Zeit am rechten Ort!« Nach so vielen Jahren beim Kommiss, da musste man sich doch zu helfen wissen.

Und wovon lebte er in Volterra? Als Bildhauer oder im Irrenhaus? Dort hieß es immer: Entweder Alabasterschnitzer oder Krankenwärter; eine andere Alternative gab es offenbar nicht.

Er reagierte mit dem typischen Spruch aus Volterra, der eben auf die dritte Möglichkeit zielte:

»Und die Gefängnisse? Vergiss die nicht!«

Angesichts der Milch war der Salat ganz unwichtig geworden; ich begleitete ihn ins Haus, wo er sie feierlich ablieferte. »Bravo!«, rief man zu seiner Befriedigung, und »Wenn wir den Volterraner nicht hätten!« Dann meinte er, ich solle mich auf eine Stufe setzen, drehte sich eine stinkende Zigarette und wollte mehr über mich erfahren.

Also erzählte ich von Montolivo, dem Dörfchen, von wo Volterra auf seinem Hügel zu sehen war. Hier hatte ich meine Stelle nach der Ferienkolonie am Meer angetreten.

Eine neue Landschule hatte man gebaut, mit modernen Bänken, doch ohne elektrisches Licht. Die Schatten der Kerzen waren mir unheimlich, die Petroleumlampe verbreitete eine schwermütige Stimmung; also dachte ich mir allerlei Besorgungen aus und sah zu, dass ich bei jedem Wetter nach Volterra ging.

Kinofilme gab es leider erst abends. Doch ich traf Bekannte, kaufte die Zeitung, manchmal gönnte ich mir sogar einen Kaffee. Dann wanderte ich die vier Kilometer zurück, in die Schule, in der ich auch wohnte; man hatte dort an ein Zimmer und eine Küche gedacht.

»Da habe ich dich ganz sicher irgendwo gesehen. Gehört habe ich auf jeden Fall viel über dich!«

Ich musste lächeln; dass er von mir gehört hatte, daran zweifelte ich absolut nicht. Gutes oder Klatsch? Kein Wunder, dass die Leute sich die Mäuler über mich zerrissen. Eine Lehrerin, die allein zum Tanzen ging, das hatte es noch nie gegeben. Außerdem ... so jung, und dann allein leben, in diesem abgelegenen Schulgebäude in den Olivenhainen? Und diese vielen kurzen Reisen? Regelmäßig alle zwei Wochen konnte man sehen, wie ich zum Bahnhof ging. Man hatte sich erkundigt: Mit meiner Familie hatte ich mich überworfen. Also ...

Die untadeligen Fräuleins und bigotten Mütter stellten mit gesenkter Stimme ihre Mutmaßungen an; die Männer, welterfahren, lächelten einander wissend zu. Beim Tanz versuchten sie, sich an mich zu schmiegen, soweit Schamgefühl und Anstand der Zeit das erlaubten, aber sonst waren sie vollkommen einer Meinung mit den Betschwestern: Mein Verhalten war ein Skandal.

»Die kleine Lehrerin aus Montolivo! Und das mitten in Deutschland! Wer hätte das je gedacht!«

Wie sehr hatte ich diese Bezeichnung gehasst! Alle zwei Wochen beklagte ich mich bei Armando darüber, doch er, der sich verantwortlich fühlte, riet mir zur Geduld.

»Lass doch die Zeit für dich arbeiten! Rom wurde auch nicht an einem Tag erbaut. Gib bloß nicht diese Stelle auf, die ist sicher, setz sie nicht aufs Spiel! Wenn sogar eine Dichterin wie Ada Negri Lehrerin bleibt ...«

Im Bett hielt er mir diese klugen Reden, die Zigarette in der rechten Hand, mich im linken Arm. Ich war enttäuscht und wütend, was scherte mich Ada Negri. Kurz dachte ich, er redete so, weil er ein alter Mann war.

»Ich schwöre dir, das ist das erste und das letzte Jahr, dass ich in Montolivo die ›kleine Lehrerin‹ spiele.«

Dieses Versprechen hielt ich. Das heißt, ich wurde noch vor Beginn des neuen Schuljahrs entlassen, wegen der Rassengesetze. Eine jüdische Lehrerin: Welch ein Skandal!

Dennoch dachte ich wehmütig an Volterra zurück, an die engen Gassen, die sich unvermittelt auf ein weites Panorama öffnen, den weißen Alabasterstaub auf der Schwelle der kleinen Werkstätten, den eiskalten, machtvollen Wind, der dröhnend die Flammen in den Öfen mit ihren glühenden Ofenrohren flackern ließ. Der Volterraner zitierte Gabriele d'Annunzio, wie zu erwarten:

»Stadt aus Wind und Fels!«

Und die Etrusker! Der Ring mächtiger etruskischer Mauern, die in der Sonne mattrosa leuchteten!

»Wollt ihr kein Abendbrot, oder werdet ihr vom Schwatzen satt?«

Natürlich wollten wir Abendbrot. Es war eine behagliche Tischrunde, fast, als würden wir zu Hause in der Küche sitzen. Hin und wieder setzte es eine spitze Bemerkung, aber es waren nur liebevolle Sticheleien.

Irgendwann war ich sehr müde.

»Ich gehe schlafen.«

»Liegst du etwa unter den beiden?«

Salvatore lachte, wenn auch etwas gezwungen.

»Nein.«

»Sei froh. Aber mach dich darauf gefasst, Ruhe gibt es keine. Du wirst schon hören!«

Gar nicht maulfaul, entgegnete Genovefa, er sei ja bloß neidisch. Er musste allein schlafen und gönnte den anderen nichts.

Jetzt sei noch eine andere Frau da, die könne er sich doch zur Gesellschaft nehmen, wenn er gar so leide!

Alle lachten lauthals wie über einen tollen Witz, und ich wurde rot. Die Bemerkung demütigte mich, denn sie rief mir in Erinnerung, dass ich nichts war als ein Häufchen Haut und Knochen. Meine Haare waren nachgewachsen, aber dünn, und weil sie gelockt waren, wirkten sie noch kürzer. Außerdem waren mir einige Zähne ausgefallen, und wenn ich lächelte, ohne daran zu denken, war ich ganz sicher kein verlockender Anblick.

Was würde Oal sagen, wenn er mich so sah?

Ach, sie lachten zu Recht. Auch der Unbekannte, der sich in der ersten Nacht im Bauernhof über mich hergemacht hatte, war still verschwunden, sobald er mich im Licht seines Streichholzes gesehen hatte.

9

»Ich schlafe lieber im Stall«, hatte Jeannette gesagt. »Ich habe keine Angst vor den Pferden! Besser die als die halb besoffenen Soldaten!«

Elmina hingegen waren die Pferde unheimlich. Schon als sie am Nachmittag aufgewacht war, hatte ein Huf direkt neben ihrem Kopf gestanden. Außerdem lockte sie die Vorstellung, sich auf der Pritsche auszustrecken, die sie in einem Verschlag oben am Ende eines Wendeltreppchens entdeckt hatte. Eine zerschlissene Matratze befand sich darauf, doch sie, die aus Birkenau kam, war ganz begeistert. Warum hätte sie jetzt darauf verzichten sollen?

Also ließ sie Jeannette im Stall zurück, wünschte ihr, dass kein Pferd versehentlich auf sie trat, und ging zu der Wendeltreppe, prallvoll von dem Essen, das sie verschlungen hatte; fast benahm es ihr den Atem. Sie streckte sich auf der Pritsche aus, müde, die Arme auf dem Bauch verschränkt, der hervorragte wie ein Fußball. Verschwommen dachte sie, Tante Lindas berühmte Wärmflasche würde ihr jetzt wohl tun.

Sie beobachtete reglos, wie das von der Dachluke ausgeschnittene Himmelsviereck fahl und dämmrig wurde und allmählich Dunkelheit das Zimmerchen erfüllte. Ein Stern funkelte. Dann und wann strichen die Scheinwerfer vorbeifahrender Autos über die Wände, wonach das Dunkel noch viel tiefer wirkte.

War der Krieg wirklich vorbei? Was, wenn die Deutschen auf einmal wiederkamen? Wenn …

Aus dem Hof klangen die Stimmen der Soldaten und Motorenlärm herauf. Dann begann plötzlich eine schöne Männerstimme zu singen, immer lauter und klangvoller, andere stimmten mit ein. Elmina lauschte. Ach, würden sie doch weitersingen – doch der Gesang zersplitterte bald in Lachen und grelles Stimmengewirr. Ein paar Mal setzte der Sänger noch an, dann gab er es auf.

Elmina schloss die Augen. Im dunklen, trägen Strom des Halbschlafs zogen verschwommen die Ereignisse der letzten Tage vorüber. Da knirschte auf einmal die hölzerne Treppe unter schweren Schritten. Jemand kam herauf, Stufe um Stufe.

Wer war das? Was wollte er?

Plötzlich wach, plötzlich in Alarmstimmung, reckte sie den Kopf zur Tür: Jemand trat über die Schwelle des Verschlags. Der war so klein, dass der Unbekannte sofort mit dem Schienbein an die Pritsche rammte. Er setzte sich hin, während Elmina sich mit rasendem Herzklopfen an die Wand presste und in die Ecke verkriechen wollte.

Fast sofort fanden sie zwei kräftige Hände. Sie hielten sie fest, legten sie hin, befühlten sie überall. Schweigend wälzte sich ein schwerer, massiger Körper auf sie, erstickte sie fast, heftiger Atem blies ihr an den Hals.

»Das war Jeannette!«, dachte sie, als der kurze, heftige Schmerz ihr zeigte, wie sehr ihr Körper sich nach der Enthaltsamkeit des Lagerlebens gegen das Eindringen wehrte. »Sie hat ihn hergeschickt, um ihn loszusein. Hauptsache, sie bleibt Jungfrau, typisch!«

Der Unbekannte stieß schwer atmend zu, dann blieb er reglos liegen. Nach ein paar Minuten wälzte er sich von ihr herunter. Obwohl sie die Augen geschlossen hielt, sah Elmina einen schwachen Lichtschein: Der Mann hatte ein Streichholz angezündet und betrachtete sie jetzt wohl.

Dann erlosch das Licht, und es war wieder stockdunkel. Der Mann stand auf und ging ebenso schweigend, wie er gekommen war. Kurz knirschte die Treppe, dann war er verschwunden.

Und wenn er jetzt allen von ihr erzählte? Wenn andere kamen? Viele, eine ganze Schlange?

Ängstlich lauschte Elmina. Was sollte sie tun? Ins Freie flüchten? Sich unter der Pritsche verstecken? Was war am besten?

Sie tat nichts. Unversehens übermannte sie der Schlaf, ein schwerer, totenähnlicher Schlaf, aus dem sie erst das Morgenrot weckte.

So konnte sich Elmina nicht nur an eine, sondern an zwei erste Nächte erinnern: an die mit Armando und an den Mann mit dem Streichholz. In der Nacht mit dem Unbekannten hatte sie Schlaf gefunden. Doch in jener mit Armando hatte sie bis zum Morgen seinem sonoren Schnarchen gelauscht und dem Klirren des Südwestwinds am Fenster.

10

Armando schrieb viel, und er schrieb gut; die mit seiner feinen Schrift dicht bedeckten Seiten häuften sich in den Taschen des weißen, uniformähnlichen Kittels, den Elmina in der Ferienkolonie am Meer tragen musste, sie verblassten, zerknitterten und trugen Flecken davon, so oft las sie die Briefe.

»Ich hatte schon zwei freie Tage, und er ist nicht gekommen, immer verschiebt er es. Warum bloß?«

So beklagte Elmina sich bei Fiorenza, genannt Fiore, einer schönen jungen Frau, die schnell zu einer vertrauten Freundin geworden war und ihre Gruppe dazu zwang, Elminas Kindern auf den Fersen zu folgen; die jedoch waren größer und schauten verächtlich auf die Kleinen hinab.

Die gewandte Fiore stammte aus Florenz und ahnte durchaus die Gründe, aus denen Armando eine erste echte Begegnung aufschob. Elmina hingegen wusste es wirklich nicht.

»Wer weiß, wie viel Gerede es nach deiner Abreise gegeben hat. Er wird abwarten, dass der Wind sich legt, wahrscheinlich hat er Angst, dass er beobachtet wird!«

Sie hatte Recht: Dass Elmina von zu Hause ausgezogen war, hatte im Städtchen für viel Gesprächsstoff gesorgt. In jener Zeit ohne Fernsehen, als es erst wenige Radios gab, galt das lebhafte Interesse der Leute – das freundliche oder böswillige – allen, die sie kannten, und sei es vom Sehen oder dem Namen nach. Die armen Fräulein Toaf, die ihre Nichte mit so viel Hingabe aufgezogen hatten, taten allen Leid: Elminas Name wurde kaum mehr ohne die Beifügung »die Undankbare« genannt. Manchmal hieß man sie auch hirnlos, hatte sie doch die Möglichkeit verspielt, eine Familie zu gründen, einen guten Mann und Kinder zu bekommen. Gefühllos, herzlos und hirnlos: Das war sie, jawohl!

Dass Elmina sich über Armando wunderte, lag auch daran,

dass sie die distanzierte, recht überhebliche und ironische Art ernst genommen hatte, in der Armando über seine Frau sprach, die »Signora«, wie er sie spöttisch nannte. Sie ahnte ja nichts von der Furcht, die diesen so entschlossen und autoritär wirkenden Mann bei der Vorstellung packte, eine böse Zunge könnte der »Signora« irgendwann etwas flüstern und eine Hölle aus dem ruhigen Leben machen, das er sich feige erhielt, indem er, kaum war die häusliche Schwelle überschritten, auf jeden Anschein der Autorität verzichtete, mit der er sich in der Öffentlichkeit umgab und die seinen Angestellten so zu schaffen machte.

Irgendwann traf der ersehnte Brief aber ein. Voll triumphierender Freude lief Elmina zu Fiore, um ihn ihr zu zeigen.

»In Ardenza hat er sich mit dir verabredet? Dort könntet ihr auch tanzen gehen; ein eleganter Ort ist das. Was ziehst du an?« Als typische Florentinerin hielt sie sich in Modedingen für raffiniert und erklärte die Kleidung ihrer Kolleginnen für schäbig und provinziell. Elmina besaß absolut nichts Geeignetes, sodass Fiore einzugreifen beschloss und ihr versprach, ihr für die Gelegenheit ihr gutes Kleid zu leihen, aus himmelblauer Seide, dekolletiert, der letzte Schrei.

»Es wird dir an der Brust etwas eng sitzen, aber himmelblau steht dir wunderbar. Wenn Caterina die Große dich in Frieden lässt, machen wir heute Abend eine Anprobe. Und den Walzer müssen wir auch noch üben!«

Caterina die Große war die Direktorin der Ferienkolonie, eine frische, gebieterische Frau mittleren Alters, hoch gewachsen und anmutig; Männern, die diesen Frauentyp mochten, gefiel sie ausnehmend gut. Die jungen Betreuerinnen versuchten sich mit dem Spitznamen dafür zu revanchieren, dass sie Frauen gegenüber sehr autoritär und barsch war, fast herablassend. Mit den wenigen Männern, die in der Kolonie zu tun hatten und zu denen sie den Mädchen jeden Kontakt streng untersagte, flirtete sie hingegen.

»Balilla und Piccole Italiane aaaauf-gepasst!«

Die kleinen Jungen hießen in der paramilitärisch organisierten Kolonie »Balilla«, nach einem Freiheitskämpfer gegen die Österreicher aus dem 18. Jahrhundert; die Mädchen waren »kleine Italienerinnen« … Morgens und bei Sonnenuntergang stellten die Gruppen sich im Viereck zum Fahnenappell auf; die Stimme Caterinas der Großen gellte martialisch wie die eines erfahrenen Obersten. Eine Stimme, die ihren Eindruck auch auf die Verbandsführer und die anderen größeren oder kleineren Parteibonzen nicht verfehlte, die auf Inspektionsbesuch kamen, überraschend, wie sie meinten, doch Caterina die Große war immer gewarnt: Sie hatte ihre Spione.

Diese Inspektionen waren ausgesprochen lästig und lösten fieberhafte Aktivitäten aus: Es hieß, die Kinder herausputzen und saubere Uniformen an sie austeilen, damit alles tadellos war und nur so blitzte. Doch kaum war der Bonze wieder fort, gleich nach der Mahlzeit, die sie militärisch »Essen fassen« nannten, wurden die Uniformen schnell wieder eingezogen, damit sie sich nicht abnutzten, und die Kinder mussten sich wieder im Kreis hinsetzen, zu langweiligen, aber stillen Spielen, damit sie das endlose Geplauder der Betreuerinnen nicht störten.

»Also machen wir heute Abend die Anprobe?«

Abends brach stets ein großes Als-ob aus. Die Kinder taten so, als ob sie schliefen, um endlich vor den Ermahnungen der Erwachsenen ihre Ruhe zu haben; Ohrfeigen und allerlei Strafen wurden ihnen angedroht: »Du schläfst jetzt, oder du darfst morgen nicht baden! Schlaf!«

Sie machten die Augen zu, und die jungen Frauen taten so, als ob sie das glaubten. Nachdem sie auf und ab durch den Schlafsaal patrouilliert waren wie Obergefreite, stahlen sie sich auf Zehenspitzen fort, woraufhin die endlich befreiten Kinder auf den Betten herumhüpften und sich Kissenschlachten lieferten.

Wenn Caterina die Große sich mit dem Wirtschafter (einem stämmigen, dicht behaarten jungen Mann, bei dem die Natur offenbar mit nichts gespart hatte) in ihr Büro zurückgezogen hatte, war der Moment gekommen, in das Klavierzimmer hinunterzuschleichen. Dort unten versammelten sie sich, scherzten, plauderten und klatschten, zeigten einander Liebesbriefe, bis irgendwann eine zu trällern begann und sich mit einem Finger auf den Tasten begleitete; dann fassten die anderen einander um die Hüfte und tanzten. Alle hatten sie ihren Liebsten, und da das Dasein im Schullandheim ihnen eine klösterliche Disziplin auferlegte, lebten sie die Unrast ihrer jungen, noch nicht der Liebe geöffneten Körper in heftigen Sympathien und Antipathien aus.

»Du denkst wohl, du bist schon bei deinem Armando!«

Fiore lachte, weil Elmina bei einer heftigen Drehung das Gleichgewicht verloren hatte und halb auf sie gefallen war. Auch Elmina lachte, ohne sich darüber im Klaren zu sein, dass jener Armando, für den sie hier mit ihrer Freundin Walzer übte, für den sie das Kleid aus himmelblauer Seide anziehen wollte, eine mythische Figur war, geboren aus ihrer Einsamkeit und ihrem Liebesbedürfnis.

Ein ganz anderes Wesen jedenfalls als der distinguierte, grauhaarige Herr, den sie dann sah, als es endlich so weit war. Er wartete an der Straßenbahnhaltestelle im Badeort Ardenza nahe Livorno auf sie, manchmal von der Zeitung aufblickend, die der ungestüme Wind ihm aus den Händen reißen wollte.

»Wie das bläst!«, rief er und hakte Elmina unter. »Hier können wir nicht bleiben. Komm, wir gehen einen Kaffee trinken!«

Die Bäume in den Gärten an der Strandpromenade bogen sich, so stark wehte es, der Wind besprühte sie mit salziger Gischt, riss Laub und Äste ab und trieb sie über die Straße. Man konnte sehen, wie sich draußen auf hoher See die Wellen auftürmten, wie sie auf die Küste zugaloppierten, ihre weißen

Schaummähnen schüttelnd, um gegen die Küstenfelsen anzubranden. Ein beständiges Grollen herrschte, dichter Dunst zog über das Land.

Gebeugt gegen den Wind angehend, kamen sie zu einem Café am Ende der Uferpromenade. Obgleich das Lokal so gut wie leer war, setzten sie sich abseits in eine Ecke. Als er seinen Kaffee ausgetrunken hatte, erklärte Armando, ein Freund, dem er voll und ganz vertrauen könne, Bürgermeister eines Dorfes im Hinterland, besitze ein Sommerhaus eben hier in Ardenza. Er hatte ihm die Schlüssel gegeben – nicht wahr, eine Hand wäscht die andere –, und dort würden sie mehr Ruhe haben und vor allem sicherer sein als in jedem Hotel.

»Wirklich?«

Elmina, die noch nie in einem Hotel gewesen war, hatte sich vorgestellt, das sei genau der richtige Ort für eine Romanze. Sie widersprach nicht, war aber enttäuscht.

»Zu Hause habe ich gesagt, ich sei mit diesem Freund verabredet. Das ist ja nicht einmal gelogen, ich treffe ihn morgen. Er hat mich gebeten, ihn zu empfehlen, und zwar bei …«

Armando flüsterte den Namen des Parteibonzen, dessen dicker Freund er war.

»Weißt du, was wir machen? Wir laufen gar nicht erst viel herum. Wir kaufen etwas Fertiges beim Metzger und essen in aller Ruhe zu Hause. Ach, stell dir vor! Das erste Mal, dass wir zusammen sein können, ohne auf die Uhr zu schauen!«

Von der Tischdecke verborgen, streichelte er ihr zärtlich die Knie. Dann las er oberflächlich eine Erzählung, die Elmina geschrieben hatte; auf ein paar linierten Blättern, wie Schüler sie benutzen.

»Wenn du erst in Montolivo Lehrerin bist, hast du Zeit, ganze Romane zu schreiben!«

Elmina protestierte. Romane wollte sie nicht schreiben, sie wollte Journalistin werden und reisen. Deswegen musste sie

Sprachen lernen. War es wirklich so schwer, auf der Universität angenommen zu werden?

»Das Abitur? Ein Albtraum!«

In Armandos Augen stand aufrichtiges Entsetzen. So viele Jahre es auch her war, die Erinnerung an die Prüfungen ging ihm immer noch nach.

»Stell dir vor, bei Griechisch …«

Er schilderte Prüfer und Aufgaben, in allen Einzelheiten, fast leidenschaftlich, mit der Miene und dem Tonfall eines Mannes, der die Arme nach der vergangenen Jugend ausstreckt. Elmina blickte indessen auf die Tasche neben sich, in der sie das seidene Kleid verpackt hatte. Schüchtern bemerkte sie, in Ardenza werde doch getanzt. Tanzen würde sie wirklich gern!

Armando lachte aus vollem Herzen.

»Freilich wird in Ardenza getanzt! Mit sämtlichen Studenten der Schifffahrtsakademie, und mit den Offizierchen vom Hafen. Besonders Tango, mit allem, was dazugehört!«

Damit war das Thema beendet. Sie verließen das Café, fanden einen Metzger, wo sie ein Brathähnchen kauften, damals noch ein Gericht für besondere Gelegenheiten, dazu etwas »Insalata imperiale«, wie seit dem Krieg in Äthiopien Gemüsesalat mit Mayonnaise genannt wurde, und trockene, süße Teigkringel, eine Livorneser Spezialität. Wein, meinte Armando, würden sie im Hause finden, und zwar guten, sein Freund, der Bürgermeister, stellte ihn selber auf dem Lande her.

Dann brachte ein Taxi sie an den äußersten Ortsrand, zum Anfang einer abgelegenen, nicht einmal asphaltierten Straße. Oleanderbüsche standen aufgereiht vor verstreuten weißen Sommerhäuschen.

»Ich gehe als Erster hinein und lasse das Tor offen. Du wartest hier fünf Minuten, dann kommst du nach, aber ohne Zögern, das fällt bloß auf.«

Mit dem elastischen Schritt des ehemaligen Bersagliere und

Teilnehmers am Ersten Weltkrieg als Sechzehnjähriger ging er los, die Rechtsanwaltstasche schwenkend; sie blieb zurück und wartete, das Päckchen vom Metzger in der Hand, und betrachtete die Straßenlaternen, die in der steifen Brise schaukelten. Dann tat sie wie geheißen und ging ins Haus.

»Komm herein, meine Liebe!« Armando empfing sie mit einem Kuss. »Ich würde sagen, wir essen sofort. Einen Hunger habe ich!«

Elmina sah sich um, etwas peinlich berührt davon, so in ein fremdes Privatleben einzudringen. Die Einrichtung war hübsch, geblümte Vorhänge, glänzender Boden, Aquarelle an den hell gestrichenen Wänden. Die Tochter des Bürgermeisters, sagte Armando, betätige sich als Sonntagsmalerin. Die Möbel waren neu, schwere, kantige Stücke, ein wenig wie die in den faschistischen Versammlungshäusern.

»Mach dich frisch, dann können wir essen. Das Bad ist am Ende des Korridors.«

Als Elmina zurückkam, zerlegte er in der Küche konzentriert das Huhn.

»Beim Militär, meine Liebe, habe ich auch kochen gelernt. Frag mal deinen Cousin Enrico: Der hat das erlebt!«

Armando war ein guter Freund des »Erzfaschisten«. Sie hatten viel Zeit miteinander verbracht, erst als Freiwillige im Krieg, dann als Mitglieder einer faschistischen Sturmabteilung. 1919 waren sie nur deswegen nicht mit D'Annunzios Freischar nach Fiume marschiert, weil sie ihren Müttern nicht noch mehr Kummer bereiten wollten. Die Ärmsten hatten im Krieg schon genug weinen müssen!

»Dein Cousin ist immer schwer in Ordnung gewesen. Stell dir mal vor, eines Tages musste unser Bataillon …«

Sie aßen, begleitet von den Militärerinnerungen, die Armando immer schöner vorkamen, je weiter sie in die Vergangenheit rückten. Endlich schloss er seine Berichte vom Essenfassen, derben Soldatenspäßen und eroberten Schönheiten ab, die sich nur allzu gern erobern lassen wollten.

Er betrachtete Elmina, die vom Wein des Bürgermeisters rote Wangen und blanke Augen hatte, zog sie sich auf den Schoß und begann sie zu streicheln. Er wusste: Was er nun tat, war nicht ohne Risiko und verlangte Vorsicht. Es war durchaus möglich – Gott bewahre! –, dass etwas passierte. Zwar gönnte er sich jedes Mal, wenn er in Rom war, und dort hatte er oft zu tun, ein Abenteuerchen, ganz zu schweigen davon, dass hin und wieder, wenn er jemanden höheren Ortes empfohlen hatte, dessen Frau im Bett den geschuldeten Dank abstattete. Aber das hier war ein kleines Mädchen, volljährig oder nicht. Sie hing so sehr an ihm! Konnte er, ein Mann seines Alters, auf ein Geschenk verzichten, wie es sich ihm wohl nie wieder bieten würde? Aus Vernunftgründen oder Skrupeln auf diesen einzigartigen Genuss, der ihn mit Stolz erfüllen würde, verzichten? Nein, das konnte er nicht. Wirklich nicht. Also meinte er nach vielem Streicheln, jetzt sei es Zeit, ins Bettchen zu gehen. Er herzte und küsste Elmina auf dem ganzen Weg ins Schlafzimmer, dann fing er an, sich auszuziehen. Als er bei den Strümpfen angelangt war, kam Elmina aus dem Badezimmer, im Ballkleid, mit roten Lippen, ihr schönes schwarzes Haar umspielte offen ihre Schultern.

»Du bist mir eine Verrückte!«, lächelte er nach der ersten Überraschung. »Also wirklich!«

Um ihr nicht das kindliche Spiel zu verderben, trällerte er eine Melodie aus der *Lustigen Witwe* und vollführte ein paar Tanzschritte. Er ließ sie durch das Zimmer wirbeln, bis sie gegen einen Sessel stießen.

»Jetzt zieh das schöne Kleid aus. Du willst es doch nicht zerknittern.«

Das blaue Seidenkleid glitt zu Boden, und Fiore zu Gefallen faltete Elmina es sorgsam. Sie setzte sich auf den Rand des Betts, in dem Armando schon wartete. Schüchtern, ohne ihn anzusehen, suchte sie mit der Hand nach seiner.

»Elmina!« Schon hatte er sie zu sich gezogen, küsste sie, wiederholte ihren Namen mit tiefer, rauer Stimme, die sie noch nie gehört hatte.

»O Elmina, Elmina!«

Er drückte sie immer fester an sich, bis es ihr fast den Atem nahm. Von Armandos Gesicht troffen Schweißtropfen auf ihres herab, was ihr zutiefst unangenehm, ja beinahe eklig war.

Sie versuchte, den Kopf abzuwenden. Sein Atem wurde unterdessen immer schneller und keuchender. Dann schnitt ihr ein scharfer Schmerz in den Unterleib; sie ächzte und machte sich steif. Endlich ließ Armando sich sinken – er hatte sich auf die Arme aufgestützt –, er zuckte noch einige Male, dann lag er schwer auf ihr, reglos und schweißbedeckt.

Es war vorbei. Betrübt versuchte sie, beiseite zu rutschen, und dachte: Jetzt bin ich eine Frau.

II

Ein Satz von Armando kam mir immer wieder in den Sinn, als ich das Geraschel und die gedämpften Stimmen von dort hörte, wo Vito und Genovefa lagen. Sie waren ganz unter die Decke gekrochen; offenbar rutschte sie immer wieder herunter, dann gab es Gelächter und kleine Aufschreie.

»Was denkst du denn?«, hatte Armando gemeint. »Das gibt es nur in Romanen, dass sie sich lieben und lieben und immer so weiter. Die Realität sieht ganz anders aus, meine Liebe!«

Für Vito und Genovefa schien die Realität aber doch aus dem Roman zu stammen. Salvatore hingegen fand keinen Seelenfrieden. Halblaut fluchend, wälzte er sich von einer Seite auf die andere und stieß zwischen den Zähnen immer wieder »Sau« und »Hure»hervor. Schließlich stand er auf und tastete sich zur Tür, offenbar voller Wut.

»Hast du ihn gehört?«

Benito beugte sich zu mir herunter.

»Irgendwann hält er's nicht mehr aus.«

Er ließ sich vom oberen Bett herabgleiten und setzte sich auf den Rand meines Betts. Seine Decke breitete er über mich.

»Bist du eigentlich verheiratet?«

Erst wollte ich ja sagen, eine rührselige Geschichte erfinden, die ihm Respekt vor dem fernen Gatten einflößen würde, aber dann fand ich es doch unnötig. Dieser Junge ließ sich auch so ohne weiteres im Zaum halten.

»Ich bin verlobt.«

Das sagte ich ganz spontan, und gleich musste ich an Oal denken. War ich wirklich seine Verlobte? Von Heirat hatten wir nie geredet. Abgesehen davon waren wegen der Rassengesetze Ehen zwischen Juden und Ariern ohnehin nicht möglich, auch wenn wir gewollt hätten. Warum also darüber reden? Eines Tages würde es ganz natürlich sein, so selbstverständlich wie das Atmen. »Wenn der Krieg vorbei ist …« Dieser Satz barg unsere ganze Zukunft.

»Was macht er? Ist er Soldat?«

Benito war nicht müde und war neugierig, mehr zu hören; er wollte ein Gespräch, keine Zweideutigkeiten. Also dachte auch ich nicht mehr ans Schlafen und schilderte ihm die Geschichte des Leutnants Oal, ganz so, wie ich sie von ihm kannte.

Die Deutschen sammelten alle Offiziere des Kommandos und verlangten von ihnen, mit einem neuen Treueeid Zusammenarbeit zu schwören. Da trat Oal einen Schritt vor und sagte laut und vernehmlich: »Nein!« Es hallte in der lastenden Stille, die nach der Ansprache des deutschen Kommandanten geherrscht hatte, einer Stille, in der jeder zugleich das Gefängnis und seine Familie vor sich sah, das Leben und den Tod, und schwankend vor der schweren Entscheidung stand.

Doch Oal war kein Freund langen Zauderns. Er sagte als Erster Nein und landete unweigerlich in einem Zug, der ihn nach Deutschland deportieren sollte. Aber dann, in Verona …

»Er ist entkommen? Hat er das wirklich geschafft?« Benito war ganz aufgeregt.

»Er hat es geschafft. Mit Glück, muss man sagen, denn der Wagen wurde geöffnet, und als die Wache Pfirsiche beschlagnahmte, die ein paar Frauen den Gefangenen geben wollten, ist Oal einfach wegspaziert, ganz unauffällig, als ob nichts wäre.«

Er ging um den Wagen herum und bat einen Eisenbahner um Hilfe. Da hatte er wieder Glück: Er war an einen geraten, der keine Angst hatte. Er brachte ihn in einen Lagerschuppen, gab ihm Zivilkleidung, kaufte ihm eine Fahrkarte. So konnte Oal nach Venedig fahren, zu einem Freund, der nach dem 8. September '43 gesagt hatte: »Schluss damit! Für mich ist der Krieg jetzt um!«, und in aller Ruhe zu Hause lebte. Eigentlich hätte er jetzt für Mussolini und Deutschland gegen die Alliierten in Italien kämpfen müssen, aber ihm reichte es. Das war seine Art von Widerstand.

Er war ein guter Freund und tapferer Mann, denn Oal konnte bei ihm bleiben, auch als er wieder Kontakt zu seinem Bruder aufnahm und sie miteinander diejenigen organisierten, die in die Berge gingen, um weiter gegen die Deutschen zu kämpfen.

»Widerstand leisten«, sagte Oal immer wieder. »Das ist jetzt wichtig.« Ich pendelte zwischen Genua und Venedig hin und her, zwischen ihm und seinem Bruder, und dabei wurden wir dann irgendwann geschnappt.

»Oh«, unterbrach mich Benito, »seid ihr so welche, die Brücken in die Luft jagen? In Jugoslawien hatten wir das, eine verfluchte Sauerei.«

Verfluchte Sauerei –

Das hatte auch der Offizier der Republik von Salò gebrüllt, in der Kaserne, wo sie uns nach der Gefangennahme eingesperrt hatten. Zusammen eingesperrt, in demselben Raum, und ein paar Tage lang sah es aus, als hätten sie uns vergessen. Oal hatte sich mit ein paar alten Soldaten anfreunden können, die uns zu essen brachten. Arme Gesellen waren das, sie hatten gedacht, beim Militär hätten sie ein gutes Auskommen, und jetzt hingen sie drin und überlegten, wie sie am leichtesten wieder davonkämen, ohne ihre Familien in Gefahr zu bringen.

»Warum haben sie euch nicht mehr verhört? Warum haben sie gewartet?«

Sie warteten auf Informationen aus Genua. »Wenn Vincenzos Name dabei ist, sind wir geliefert«, sagte Oal. »Hältst du es aus, wenn sie dir die Zähne ausbrechen? Die Brüste versengen?«

Nein, das hätte ich nicht ausgehalten. Und was dann?

Ich wollte mich aus dem Fenster stürzen. An der Treppe, die zum ersten Stock führte – dort fanden die Verhöre statt –, hatte ich ein Fenster gesehen. Ich wollte Anlauf nehmen, mit dem Kopf voran durch die Scheibe springen, und Schluss.

»Nein, mein Liebling!« Oal machte meinen Plan zunichte. »Die halten dich doch beim ersten Schritt fest. Abgesehen davon ist das eine furchtbar dumme Art zu sterben!«

Wir schliefen gemeinsam auf einem Lager, das ich in einer Ecke eingerichtet hatte, mit drei Decken, die ein alter, etwas schrulliger Soldat uns überlassen hatte. Dort überraschte uns dann auch jener Leutnant auf Inspektionsgang, groß und aufgeputzt war er und trug einen buschigen Schnurrbart im Gesicht. Er hatte sofort losgebrüllt, zornesrot wegen dieses skandalösen Zustandes.

»Verfluchte Sauerei, was soll das hier?«

Dann hatten sie Oal weggeschleppt, und ich sah ihn nicht wieder. Das war die ganze Geschichte.

»Ich fürchte, mit dem hat es böse geendet«, meinte Benito.

Auch ich war mir dessen sicher und nickte schweigend. Rücksichtsvoll wechselte Benito das Thema und begann auszumalen, wie die Engländer uns an der Brücke von Schwerin empfangen würden. Ob ich wusste, dass er nach Italien hätte zurückkehren dürfen, wenn er bereit gewesen wäre, für die Republik von Salò zu kämpfen? Statt dessen war er im Lager geblieben und hatte sich die Lungen ruiniert. Mit einem Orchester müssten sie ihn empfangen! Mit einer Blaskapelle!

Auch ich wollte mir die Rückreise als etwas Triumphales vorstellen, etwas, das die Erinnerungen an die erzwungene Fahrt von Italien nach Deutschland auslöschen würde.

Kurz vor dem Brenner hatte ich vor einem kahlen Berg zwei Heiligenstatuen gesehen; hinter ihnen stand eine zerbombte Kapelle, und sie wirkten, als wären sie auf der Flucht. Im kalten Abendlicht deuteten sie gen Himmel, mit zerschossenen Gewändern und todtraurigen Gesichtern, als würden sie um die Gnade flehen, diese grausame Erde verlassen zu dürfen. Nie würde ich diese Statuen vergessen.

Unvermittelt schlief Benito ein, den Kopf an meine Schulter gelehnt.

»Noch so eine von der Sorte!«, brummelte Salvatore, als er vorüberkam.

Das machte mir aber nichts aus. Ich legte dem jungen Mann den Arm um die Schultern, breitete die Decke so aus, dass sie uns beide wärmte, und schlief ebenfalls ein.

12

Früh in der Dämmerung schraken wir alle hoch: Genovefa schrie. Was war passiert? Was ging da vor? Sie war hinausgegangen, um sich zu waschen – und das Pferd war weg.

Sofort gab es ein großes Durcheinander. Wo war es geblieben? Hatte man es gestohlen? Was sollte aus uns werden ohne Pferd?

Wir standen alle draußen, noch schlaftrunken, fröstelnd in dem Nebel, der leicht über den Feldern schwebte. Stimmengewirr, gegenseitige Vorwürfe, über allem Genovefas schrilles Organ.

Wie war das möglich? Welcher Dummkopf hatte vergessen, es anzubinden? Warum hatte niemand etwas gehört?

Sie kreischte wutentbrannt, und manchmal zischte sie vor lauter Wut die Schimpfworte ihrer Muttersprache neben denen, die sie von den Italienern gelernt hatte.

»Ihr Idioten! Ihr Arschlöcher! Ich gesagt Pferd in Haus! Ich gesagt Pferd nicht in Haus, Pferd *kaputt*!«

Sie beschuldigten sich gegenseitig, verzweifelt und wütend bei der Vorstellung, dass nun alles noch mühsamer, der Weg noch langwieriger würde.

Jetzt spielte Salvatore sich auf, er sei eigens hinausgegangen, um auf das Pferd aufzupassen. Ah, wenn gewisse Leute doch seinem Beispiel gefolgt wären! Wenn sie ans Pferd gedacht hätten, statt nur daran, zu ficken!

Endlich schrie der Volterraner, sie sollten den Mund halten. Egal wie, das Pferd helfe jetzt irgendwem, der schlauer gewesen sei als sie. Sie hatten es gesehen und mitgenommen, fertig. Sicher Polen auf dem Heimweg. Die Polen, na ich warne euch! Er hatte mit ihnen gearbeitet. Wenn man nicht aufpasste, klauten die einem noch die Unterhosen!

Genovefas Gesicht war wutverzerrt.

»Was du sagen von Polen? Was haben gegen Polen? *Schweine!* Italiani, immer klauen. Schweine, Lügner!«

Sie ging auf den Volterraner los, als wollte sie ihm die Nägel ins Gesicht krallen. Er stand gelassen und fest, ein böses Grinsen in den Mundwinkeln, ganz Verachtung.

Vito trat dazwischen und hielt sie zurück.

»Lass das, Schluss damit! Spiel nicht verrückt!«

Doch Genovefa strampelte wie rasend. Dem Volterraner würde sie es zeigen, ihm das Gesicht zerkratzen! Sie war in Unterwäsche, und im Handgemenge riss ein Träger. Blassrosa ragte eine ansehnliche Brust heraus.

»Genügt dir dein Hübscher nicht mehr? Ziehst du dich jetzt auch noch auf der Straße aus?«

Der Volterraner lachte. Doch Vito schaute ihn finster an, drohend, bis die anderen ihn wegzogen und meinten, jetzt müsse aber Schluss sein; das Pferd sei sowieso verloren. Genovefa versuchte bebend, den Träger zusammenzuknoten.

»Du, Jüdin! Du hast Nadel, gib her!«

Ich hatte im Bauernhaus eine Sicherheitsnadel gefunden, das stimmte, und ich bewahrte sie sorgsam, wie auch die Spiegelscherbe, den Bleistift und das Tagebuch. Warum sollte ich sie ihr geben?

Außerdem hatte Genovefa mit mir gesprochen, als wären wir im Lager. Ihre Stimme klang für mich verdächtig wie diejenige der Kapos in Birkenau, also antwortete ich ihr, wie ich es im Lager getan hätte: »Scheiß Nadel!«

»Ah! Aber Milch ja, Kartoffeln ja ... fressen ... Schweine!«

Wieder dieser Lagerton. »Fressen, immer fressen. Die denken nur ans Fressen, diese Kühe!«

Die Männer lachten prustend über unsere Auseinandersetzung; so konnten sie sich vom Verlust des Pferdes ablenken.

»Hört euch die Frauen an! Zänkisch wie die Marktweiber! Was hat sich der Herrgott bloß gedacht, als er die gemacht hat?«

Ich hörte schon gar nicht mehr hin. Aus dem Saal, in dem wir geschlafen hatten, holte ich meine Tasche, und um ihnen nicht noch einmal zu begegnen, ging ich hinten hinaus, durch die Küche, querfeldein auf die Straße zu. Dort entdeckte mich der Volterraner, der nachschauen wollte, ob das Pferd vielleicht irgendwo friedlich weidete.

»Komm schon, stell dich nicht so an! Willst du ihr so einen Sieg gönnen? Ganz allein schaffst du es sicher nicht bis zur Brücke!«

Ich wollte aber nur noch allein sein; er begriff es und drängte mich nicht weiter.

»Wir begegnen uns sicher unterwegs wieder. In Schwerin, oder auch in Volterra. Auf Wiedersehen also!«

So war ich also erneut allein und schritt rasch aus, noch immer erregt. Der Himmel wurde heller, rosiger Schimmer kündigte einen schönen Tag an. Nach und nach legte sich meine Wut über das, was Genovefa gesagt hatte, bis sie ganz verflogen war. Wie hatte der Volterraner noch in seiner Wut gesagt?

»Genügt dir dein Hübscher nicht mehr? Ziehst du dich jetzt auch noch auf der Straße aus?«

Ich lächelte, als ich daran zurückdachte und an den Anblick jener schönen runden Brust.

Mir fiel ein Erlebnis ein, das viele Jahre zurücklag. Damals allerdings war die Brust kleiner und bleicher gewesen. In jener verbotenen Gasse hatten Lisa und ich sie erblickt, und es war für uns ein Schritt in das verwirrende Leben der Erwachsenen.

13

Jedes Mal, wenn sie später einen Satz wie »ins Leben treten« hörte, sah sie dieses schmale Sträßchen vor sich: Feucht und grau führte es schnurgerade zwischen alten Häusern hindurch. Auf dem kurzen Weg durch diese übel beleumdete Gegend ließ Elmina die Welt der Kindheit hinter sich, ohne dass es jemandem auffiel.

Es geschah in der Zeit, als die Schwestern Toaf noch erlaubten, dass sie die Sommerferien bei ihrem Vater verbrachte. Nach seinem Umzug und der erneuten Heirat lebte Giuliano Misdrachim jetzt mit seiner Familie in einer jener Straßen ganz am Stadtrand, schon am Übergang zwischen Stadt und Land.

Bescheidene Villen und kleine Häuser säumten diese Straße. Abends stellten die Nachbarinnen ihre Korbsessel vor die Tür und plauderten, während die Kinder zwischen den Steinhaufen und Zementsäcken des jüngsten Neubaus spielten oder auf den Feldern den Eidechsen hinterherjagten, gleich hinter der Absperrung aus zwei Brettern und Stacheldraht, die die Straße begrenzte.

Alle spielten miteinander, Freundschaften wurden schnell geschlossen und ebenso schnell wieder gelöst. In jenem Sommer war die gleichaltrige Lisa Elminas beste Freundin. Genau wie sie hatte sie die Mathematikprüfung am Schluss des Schuljahres nicht bestanden. Ein Cousin der neuen Signora Misdrachim war Lehrer; er gab den Sommer über Nachhilfe und hatte sich einverstanden erklärt (ohne große Begeisterung, denn er hatte verwandtschaftshalber einen Nachlass gewähren müssen), die Mädchen auf die Nachprüfung vorzubereiten. Unter der Bedingung, versteht sich, dass sie zu ihm ins Haus kämen, das ziemlich weit entfernt in der Altstadt lag.

Lisa und Elmina waren nicht immer pünktlich. So kam es vor,

dass der Lehrer erst einen anderen Schüler an die Reihe nahm und sie solange zum Warten auf die Terrasse schickte. Er wohnte im obersten Stockwerk eines recht hohen Hauses; von hier aus gelangte man durch einen langen, grauen Flur und über eine Wendeltreppe auf die geräumige Terrasse.

Sie stand voller Blumentöpfe, -kübel und -kästen. Der Duft des Jasmins mischte sich mit dem von Basilikum, Rosmarin und Tomaten. »Ich komme!«, hörten die Mädchen bald. Eilige Schritte trappelten über die Treppe, und Alma, die Tochter des Lehrers, kam herbei, um mit ihnen zu schwatzen.

Sie war schon fünfzehn, hatte rote Haare, war anmutig und schelmisch. Mit überlegener Miene sprach Alma unaufhörlich davon, was sich gehört und was nicht, und steckte so die beiden, die schon nicht mehr ganz Kinder waren, mit der aggressiven Neugier der Heranwachsenden an. Bislang ganz unschuldige Dinge und Wörter bekamen einen ganz neuen, verwirrenden Klang. Elmina zum Beispiel dachte, Toni, der Sohn ihrer Stiefmutter (Giuliano Misdrachim hatte eine Witwe geheiratet) sei ihr Bruder. Alma hingegen behauptete, wer verschiedene Eltern habe, sei nicht miteinander verwandt. Sogar heiraten könnten Toni und Elmina.

Der kam das ganz und gar ungeheuerlich vor. Toni heiraten! Diesen pickeligen, ungeschlachten, frechen Kerl, der immer schlug und zu seinem Vergnügen die Katze quälte, die Elmina immer streichelte? Sie sah ihn nur im Sommer. Aber sie wünschte sich einen Bruder und meinte, er sei es, was wiederum ihre Tanten entsetzte, die jede Verwandtschaft mit diesem Toni leugneten, von dem und dessen Mutter sie meinten, das seien doch ungebildete Leute, »vom Land eben«. Dass Alma den Tanten Recht gab, wirkte auf Elmina, als wollte man ihr den ersehnten Bruder ganz wegnehmen.

Sie standen schwatzend da, an die sonnenwarme Brüstung gelehnt, und schauten in das Gewirr der alten Straßen hinunter.

Über ihnen erstrahlte der Augusthimmel in sommerlichem Glanz.

Bei einem dieser Gespräche deutete Alma in die Straßen hinunter.

»Da«, meinte sie. »Da ist diese schlimme Straße.«

»Wie ›diese schlimme Straße‹?«

Sie zierte sich, sie wisse auch nicht recht, könne es nicht sagen, dabei wiederholte sie immer wieder, das sei aber wirklich eine schlimme Straße. Sie mussten versprechen, nie dort durchzugehen, nicht einmal in die Nähe zu kommen. Dort gesehen zu werden, wäre wirklich eine Schande.

Auch nach dem Unterricht, als Alma die beiden zur Haustür begleitete, sprach sie halblaut davon, schärfte ihnen nochmals ein, dieser »schlimmen Straße« ja nicht nahe zu kommen und – vor allem! – zu Hause nicht zu verraten, dass sie darüber geredet hatten.

»Na klar! Für wen hältst du uns denn?«

Flüsternd beruhigten sie Alma. Sie mussten auf die andere Seite der Stadt, per Straßenbahn; warum sollten sie da so einen Umweg machen?

Kaum aus der Tür, beschlossen sie, noch einen kleinen Spaziergang zu machen, bevor sie zur Straßenbahn gehen würden. Straße um Straße durchwanderten sie, besahen die Schaukästen des Kinos, die Modegeschäfte und Konditoreien, und als hätten sie sich heimlich abgesprochen, gerieten sie irgendwann ganz in die Nähe jener Straße, vor der Alma sie so eindringlich gewarnt hatte.

Sie sahen einander an. Die Versuchung war unwiderstehlich; jede der beiden sah in den Augen der anderen dieselbe Neugier funkeln.

»Sollen wir?«, traute Lisa sich zu fragen, aber nur ganz leise.

»Ja, klar.«

Sie hakten einander unter, hielten sich gut fest und begaben sich in das Gewirr der Gässchen. Mitten auf einem kleinen, unregelmäßig geformten Platz zwischen mehrgeschossigen Häusern blieben sie stehen. Dort auf der Seite, unter einem Bogen zwischen den Häusern hindurch, ging es in ein Sträßchen hinein.

»Da muss es sein«, flüsterte Lisa und griff den Arm ihrer Freundin so fest, als fürchte sie sich vor einer Gefahr.

Sie standen vor dem grauen Rinnstein der »schlimmen Straße« und ließen fasziniert den melancholischen Anblick der verschmutzten Mauern und des löchrigen Pflasters auf sich wirken. Im Schatten erkannte man ein Pissoir aus rostigem Schmiedeeisen.

»Ich habe Angst!«, meinte Lisa.

Elmina zögerte wie ein Seemann, den das Abenteuer lockt, der den sicheren Hafen aber nicht verlassen mag. Sie sah Lisa an: Deren volle, sonst so rosige Wangen waren ganz blass.

Ach, das war wirklich ein Angsthase! Sie traute sich nicht? Pech für sie. Dann ging sie eben allein.

Das beschämte Lisa. Ohne weiter zu reden, bogen sie in die Gasse ein, Hand in Hand, dicht beieinander.

Die gerade, menschenleere Straße bot ihrer Neugier nichts als dunkle Bogengänge, staubige Scheiben und verblasste Fensterläden, dazu zwei Trödler, in deren Schaufenstern man aufgehäuften Schrott sah. Weder Schritte noch eine Stimme durchbrachen die Stille; dennoch kam es ihnen vor, als befände sich ringsum tausenderlei Verwirrendes. Behutsam, fast bedrückt gingen sie voran, blickten manchmal zum Himmel, der zwischen den eng stehenden Häusern nur noch ein schmales, helles Band war.

»Schau mal!«

Dieses Haus war anders als die anderen. Die Fassade wirkte gepflegt, alle Läden waren geschlossen, den Eingang zierte eine Tür mit Buntglasscheiben und einer Einfassung aus grünem Marmor.

Stimmen und Gelächter tönten aus dem Inneren, aber einzelne Wörter konnten sie nicht verstehen. Manchmal erhob sich eine hohe Frauenstimme über die anderen, um sogleich in lautem Lachen unterzugehen.

»Komm, wir horchen mal!« Lisa ging näher an das Haus heran und schaute sich um, ob sie auch niemand beobachtete. Da sahen sie auf einmal im ersten Stock des Hauses gegenüber den bloßen Rücken einer Frau, die sich an das Fensterbrett lehnte. Glattes, braunes Haar fiel ihr bis auf die Schulterblätter; eine Männerhand spielte mit den Strähnen, strich über den schlanken Rücken. Sein Gesicht blieb am Hals der Frau verborgen, als würde er daran saugen.

Fasziniert starrten sie hin. Unvermittelt wurden die Stimmen in dem Haus vor ihnen lauter. Jemand schrie, das sei nicht wahr, absolut nicht: Lügner! Kurz war es still, wie wenn zwei Gegner einander hasserfüllt ins Gesicht sehen und sich messen. Dann klirrte Glas, das Stimmengewirr schwoll an, wieder von der Frauenstimme übertönt.

»Komm schnell, wir gehen!«

Sie nahmen einander bei der Hand und liefen los, vom Widerhall des Streits verfolgt. Elmina, die sich kurz umdrehte, sah noch, wie die Frau am Fenster sich vorbeugte, um besser zu hören. Kurz tauchte im Profil eine Brust auf, der Anblick prägte sich ihr ein.

Sie rannten, bis sie kurz vor dem Ende der Straße in einen Mann liefen, den sie nicht gehört hatten.

»Wohin denn so eilig, ihr zwei Hübschen?«, sagte er lächelnd und hielt sie einen Moment lang fest.

Sein Lächeln hatte etwas, das ihnen Angst machte. Sie rannten weiter, immer atemloser, bis sie nach einigen Kreuzungen die grünen Beete eines kleinen Parks sahen.

»Ich kann nicht mehr. Fühl mal, wie mein Herz schlägt!«

Sie legten einander gegenseitig die Hand auf die Brust. Die

laue, ruhige Luft, der Anblick von Müttern und spielenden Kindern beruhigte sie nach und nach. Schließlich bemerkten sie erschrocken, wie spät es schon war, und beschlossen, schnell nach Hause zu fahren.

Abends hatten sie keine Lust zu spielen. Sie setzten sich auf ein Mäuerchen ganz am Ende der Straße, schweigend, und überhörten die Rufe der Jungen. Toni war ungeduldiger als die anderen und kam zu ihnen.

»Warum wollt ihr nicht spielen?«, fragte er gekränkt.

»Weil wir nicht wollen, darum!«, entgegneten sie trocken. Da war Toni beleidigt. Seine himmelblauen Augen wurden trüb, er packte Elminas Beine und versuchte, sie von der Mauer zu werfen.

»Lass mich in Ruhe!«, schrie sie. »Fass mich nicht an, verstanden?«

Sie sprang hinab, Lisa ebenso. Dann gingen sie zu der Absperrung am Ende der Straße und stützten sich auf die Bretter. Dahinter war alles Ruhe und Frieden, die Brise brachte frische, abendliche Luft vom Land heran.

»Wenn Toni sich noch einmal danebenbenimmt, kriegt er von mir ein paar Ohrfeigen!« Elmina war immer noch böse, Lisa nickte.

Dann schauten sie still den Glühwürmchen nach, die im schwarzen Schatten der Büsche schwebten. Als würde sie einen inneren Dialog fortsetzen, meinte Elmina:

»Hast du die zwei an dem Fenster gesehen? Sie hatte nichts an. Und dann dieser Mann? Ich habe solche Angst gehabt.«

»Ich auch!«

»Und wie die in dem Haus sich gestritten haben! Wer weiß, warum?«

»Wer weiß«, echote Lisa nachdenklich.

»Ich will mit diesen Jungs nicht mehr spielen. Die sind mir

zu doof. Außerdem hat Toni meine Beine angefasst. Hast du das gesehen?«

Ja, Lisa hatte das gesehen. Nach dieser grauen Gasse erschien alles in einem anderen Licht – es war ein Schritt in ein anderes Leben.

14

Die Lisa aus der »schlimmen Straße« ähnelte einer von Benitos Schwestern auf dem Familienfoto, das er mir so stolz gezeigt hatte. Alle in Uniform, sogar der Säugling. Armer Junge. Ich bezweifelte sehr, dass er es bis nach Hause schaffte. Was hatte dieser Frühling ihm Schönes gebracht? Rasselnde Bronchien, einen pfeifenden Atem, eine kaputte Lunge.

Woran er wohl noch glauben mochte? Er hatte sich geweigert, der Republik von Salò als Soldat zu dienen. Vielleicht weil er festgestellt hatte, dass er in seiner Würde getäuscht und betrogen worden war; er hatte Treue und Liebe in ein Trugbild gesetzt und nun bitter enttäuscht die Wirklichkeit erkannt.

Die Würde. Wie oft hatten die zu Hause sie im Munde geführt! Würde bestand darin, schwierige Zeiten zu überstehen, ohne es sich anmerken zu lassen. Darin, freundlich Nein danke zu sagen, wenn man Kaninchen, Weichtiere, Schinken angeboten bekam, alles von den alten Speisegesetzen verboten. Sie bestand darin, »seinen Platz zu erkennen und zu behaupten, Höhergestellten wie Tieferstehenden gegenüber«. Der Würde wegen hatte mein Großvater, der mit Garibaldi gezogen war, sich geweigert, Parteimitglied zu werden, trotz der Überredungskünste des »Erzfaschisten«. Offenbar gab es zahllose Möglichkeiten, seine Würde zu behaupten oder zu verlieren. Immerhin hatten meine Tanten, die unablässig von Würde redeten, sie aufs Spiel gesetzt, als der »Erzfaschist« ankam und verlangte, sie sollten das örtliche Blättchen der Partei abonnieren und mich bei den »Giovane Italiane« anmelden, bei der Mädchenabteilung der faschistischen Jugendorganisation.

»Warum denn auffallen?«, meinte er. »Warum sich gegen den Strom stellen? Euer armer Vater – Friede seiner Seele – hat als Antifaschist gegolten, und wenn ich nicht ein gutes Wort eingelegt hätte ... Die Welt ist jetzt nun einmal so. Wollt ihr sie etwa ändern?«

Besser nicht aufzufallen und sich nicht gegen den Strom zu stellen, das rieten alle Freunde der Familie, auch der Vorsitzende der Jüdischen Gemeinde, der im Andenken an Toaf Senior dessen Töchter hin und wieder mit seinem Besuch beehrte.

Dieser dicke Komtur Ascoli war das Musterbeispiel eines »distinguierten Herrn«. Seine Brille mit Goldrand, ein Kneifer, thronte auf einer aristokratischen, blassen Adlernase. Fast immer trug er dunkelgrau, selten dunkelblau. Im Knopfloch prangte, als wäre es eine Blume, das Abzeichen der Partei.

»Man muss doch zugeben, dass sie auch ihr Gutes hat!«

Der Komtur rutschte eifrig im Sessel hin und her; sein feister Leib, der einst Fett für die dunkle Seife von Auschwitz liefern sollte, erwärmte sich.

»Als ich aus dem Krieg zurückkam, haben sie mich angeschaut, als hätte ich ihn gewollt. Als hätte ich zum Vergnügen Soldat gespielt!«

Also war er Parteimitglied geworden, und zum Jahrestag des Sieges von 1918 ging er zur Militärparade und lauschte ergriffen der Piave-Hymne und anderen Kriegsliedern. Ihm (und auch dem »Erzfaschisten«) gegenüber erwähnten wir nie den alten Cammeo, der einmal monatlich nach Pisa kam, um das Grab seines Sohnes zu besuchen, den sie umgebracht hatten. Er sah stets auf einen Gruß bei uns herein.

Er war arm, und die Fräulein Toaf hielten es für ihre Pflicht, ihn zum Mittagessen dazubehalten. Er revanchierte sich, indem er das Huhn auf koschere Weise schlachtete, ihm nämlich den Hals durchschnitt, statt ihn lang zu ziehen, wie es sonst üblich war.

Der alte Cammeo ist für mich in der Rückschau ein Mensch voller Würde, trotz seiner geröteten, etwas triefenden Augen, des Dreitagebarts und der Kleidung, die man ihm geschenkt hatte und die um seinen mageren Leib schlotterte. Seit dem Mord an seinem Sohn war er fieberhaft nervös. Rasch trippelnd kam er ins Haus, berührte sofort meine Stirn, um sich die Finger an die Lippen zu führen, voll zärtlichem Respekt für den rituellen Gruß. Ich konnte ihn aber damals nicht leiden.

»Cammeo ist da!«, rief ich und lief weg, eher, um mich ihm zu entziehen, als um ihn anzukündigen. Obwohl die Tanten ihn mochten, hatten sie mir nie vorgeworfen, wie unhöflich dieser Ausruf war. Es hätte sich natürlich gehört zu rufen: »Signor Cammeo ist da!«

Diese ungewohnte Nachsicht verdankte ich dem Umstand, dass damals und in diesen Kreisen sehr deutlich auf gesellschaftliche Unterschiede geachtet wurde. Meist weder aus Hochmut noch gar aus Verachtung, sondern aus der festen Überzeugung, dass Menschen anderer Klasse, vor allem das so genannte »Volk«, zutiefst anders waren. Etwas gemäßigt durch das Bewusstsein, alle Juden zu sein, galt diese Regel auch in der Gemeinde, in der es allerdings weder Arbeiter noch Bauern gab. Wer Unterstützung erhielt, wer in die Kategorie der Bedürftigen fiel, war einfach anders, ihm konnte anderes zugemutet werden, und das genügte, dass meine Tanten den Ruf, mit dem ich Cammeo anzukündigen pflegte, nicht beanstandeten. Cammeo war eben kein Herr.

1922 hatten sie seinen Sohn umgebracht. Auch in jener gewalttätigen Zeit hatte der Tod des 23 Jahre jungen Lehrers große

Empörung geweckt: Aus nächster Nähe hatten sie ihn erschossen, im Klassenzimmer. In der Schule!

Vor allem das schien ungeheuerlich, unglaublich. An diesem so heiligen Ort, in der Schule. Eine große Menschenmenge hatte dem jungen Sozialisten das letzte Geleit gegeben, die Zypressenallee des israelitischen Friedhofs hinunter. Vertreter der Stadtverwaltung waren ebenso da wie die Genossen mit den roten Fahnen. Die Inschrift des Grabsteins war unmissverständlich:

»23. März 1922 – Von feiger Mörderhand gemeuchelt.«

Vier Jahre waren seitdem vergangen. Zu den Pflichten eines von der Gemeinde Unterstützten gehörte auch, durch seine Anwesenheit dafür zu sorgen, dass die Mindestzahl von zehn erwachsenen Männern zusammenkam, die nötig war, um den Gottesdienst in der Synagoge abhalten zu können. Eines Samstagmorgens kurz vor Beginn des Gottesdienstes hatte der Vorsitzende der Gemeinde den Alten beiseite genommen.

Die Zeiten hätten sich geändert, ob es einem nun gefalle oder nicht, man müsse sich anpassen. Gewisse äußerst einflussreiche Persönlichkeiten hätten darauf hingewiesen, sie hätten angedeutet … also diese Inschrift, das Wort »feige Mörderhand«, dazu noch Hammer und Sichel, das sei einfach zu viel. Das Unglück – Gottes Wille geschehe! – sei nicht mehr rückgängig zu machen, schon gar nicht durch Wörter. Da sei es doch besser, wenn – auf Kosten der Gemeinde, versteht sich! – das Grab umgestaltet würde. Kurz, der Stein musste geändert, die Inschrift getilgt werden.

Bei keinem seiner Besuche vergaß Cammeo, diesen Auftritt zu schildern. Das gelbfleckige Gesicht vor Empörung gerötet, wischte er sich in seiner Erregung unwillkürlich mit der Serviette die Augen, was Tante Linda und mich zu einem kurzen, überheblichen Blick bewegte.

»Ich sagte, wenn es so sei, dann sollten sie nur den Namen lassen. Den Namen und seinen Lehrerstitel, für den er so viele Opfer hatte bringen müssen. Die Zeiten hätten sich geändert! Wer sagt denn, dass sie sich nicht wieder ändern werden? Irgendwann sehen die sich noch ganz böse um!«

Um ihn zu beruhigen und damit er seine Lautstärke etwas mäßigte, versuchten die Signorine Toaf, ihn auf den Klatsch über die Judim von Livorno zu bringen, wohin er nach der Veränderung der Inschrift gezogen war. Er jedoch ruhte nicht, bevor er uns ein weiteres Mal berichtet hatte, wie er an der Teilnahme an den letzten Wahlen, dem Plebiszit, gehindert worden war.

»Ich wollte ins Wahllokal, aber sie schubsten und prügelten mich weg! Verschwinden sollte ich, aber sofort! Nicht mehr sehen lassen sollte ich mich, oder wollte ich vielleicht meinem Sohn Gesellschaft leisten?«

Dann war der Alte krank geworden; seine Besuche wurden seltener, bis sie ganz aufhörten.

Niemand pflegte mehr das Grab des jungen Lehrers, und wir mussten lernen, das Huhn selber zu schlachten.

15

Ach ja, dieses Huhn!

Ich hob den Kopf, den ich beim Gedanken an den alten Cammeo hatte sinken lassen, und musste lächeln. Das war immer eine tragikomische Veranstaltung! Am Ende war das Huhn stets geköpft, obwohl der Ritus nur einen raschen Schnitt an der Basis des Halses verlangte, sodass alles Blut ausfließen konnte und das Fleisch rein wurde. So sehe das vorgeschriebene Ende eines koscheren Huhns aus, betonte Tante Linda, die sich aber nie darum kümmerte. Im Gegenteil, bei den ersten Vorbereitungen floh sie schreiend ins entfernteste Zimmer und schloss sämtliche Türen hinter sich. Es war meine Aufgabe, das zitternde, gackernde Huhn auf den Marmor des Spülsteins zu drücken, während Tante Nella mit dem Mut der Verzweiflung das vom Vater ererbte Rasiermesser packte. Das Huhn ahnte wohl sein Schicksal und nutzte mehr als nur einmal den Umstand, dass ich die Augen geschlossen und den Kopf abgewandt hielt, um Nellas erstem Versuch mit einem verzweifelten Ruck auszuweichen und in der Küche herumzuflattern.

Verfolgung und Gefangennahme vervielfachten seine Kräfte. Stillhalten war fast unmöglich. Ich rief Nella zu, sie solle sich beeilen, und wütend über die Gegenwehr des Opfers, packte sie es beim Hals, hielt ihn fest, versetzte dem unglücklichen Huhn zwei, drei Schnitte mit dem Rasiermesser. Schon kullerte der Kopf zu Boden, und das Blut spritzte frei herum.

»Ist es vorbei?«, ertönte von fern Lindas ängstliche Stimme.

»Ja, du kannst kommen.«

Zum Glück war Huhn damals bei uns kein häufiges Essen, sodass sich der dramatische Auftritt nicht allzu oft wiederholte.

Als ich jedenfalls in diesem Moment ein schönes weißes Huhn mit gelben Beinen erspähte, das ganz in meiner Nähe herumscharrte, zweifelte ich keine Sekunde daran, dass ich es töten könnte. Ich verließ die Straße vorsichtig, wollte mich ihm nähern und es dann mit einem Satz packen. Aber jedes Mal, wenn ich die seidigen Federn schon fast in den Händen zu halten glaubte, gelang dem gackernden Huhn die Flucht. Dann blieb es in einiger Entfernung stehen und beäugte mich erbost. Mistvieh!

Natürlich gab ich mich nicht geschlagen und jagte es weiter, teils schmeichelnd, teils fluchend, bis ich irgendwann mit aufgeschürften Knien am Boden lag.

»Verfluchtes Biest! Pass bloß auf!«

Es sah so aus, als hätte das Huhn mich absichtlich in die Nähe eines Hauses gelockt.

So musste ich die Verfolgung abbrechen, zumal mir das Blut vom einen Knie rann.

Ob jemand zu Hause war? Ich wollte mir das Bein abwaschen.

»Hallo!«, rief ich in der Tür. »Hallo!«

Nach kurzer Stille ertönte von drinnen ein lang gezogener Klagelaut.

»Hallo!«, wiederholte ich verblüfft. »Wer ist da?«

Aus einem Zimmer kam eine alte, hagere Frau, die schwarze Schürze straff umgebunden, grauweiße Zöpfe wie eine Krone um den Kopf. Sie sagte etwas in einem schnellen, kehligen Deutsch; ich verstand kein Wort, aber sie sprach unbeirrt weiter, bis ein erneutes, noch schmerzlicheres Stöhnen sie zurückrief.

Ich war ratlos. Sollte ich gehen oder es weiter versuchen?

Ich beschloss, ihr zu folgen. Auf der Schwelle eines Zimmers blieb ich stehen. Auf den ersten Blick unterschied es sich gar nicht so sehr von den Schlafzimmern in den Bauernhäusern zu Hause. Es fehlten nur am Kopfende des Ehebetts die Heiligenbildchen, Rosenkränze und Olivenzweige, die das Leben und die Träume der Schlafenden behüten sollten. Im Bett wand sich offenbar in Wehen eine nicht mehr ganz junge, große, stämmige Frau, deren Wangen wohl schon von Natur aus rot waren, nicht nur wegen der Schmerzen. Sie drehte sich zu mir um. In ihren dunkelblauen Augen stand eine Mischung von Staunen, Widerwillen und auch Angst.

»Nicht verstehen.« Ich wandte mich an die Alte, die wieder so rasch zu sprechen begonnen hatte. »Langsam, bitte! Langsam!«

Dass es sich um Mutter und Tochter handelte, war leicht an den Gesichtszügen und den enzianblauen Augen zu erkennen. Mit sorgfältig artikulierten Worten erkundigte sich die Alte, was ich wollte, warum ich hier sei.

»*Schwere Zeiten!*«, schüttelte sie zwischendurch immer wieder den Kopf. »Ja, ja. *Schwere Zeiten*!«

Sie seufzte, einmal zur Tochter hin und einmal zu der Kommode neben dem Fenster, einem schlichten, plumpen Möbel aus dunklem Holz. Auf einem weißen, gestärkten Deckchen standen symmetrisch die Fotos zweier Männer in Uniform, neben jedem ein Sträußchen Immergrün.

»Mann *kaputt*«, deutete sie zur Tochter, »Bruder *kaputt*.«

Auf dem Bett lagen Tücher für die Geburt, und ein Handtuch oben auf dem Stapel erregte meine Aufmerksamkeit. Seine Fransen, lang und akkurat geflochten, hoben es von den anderen ab. Auch der Stoff selbst war besonders: Fein war er und mit Webmuster gearbeitet, aus dem schönen flandrischen Leinen, aus dem damals eine gute Aussteuer bestand.

Ich ging näher, um es mir besser anzusehen, nahm es in die Hand, entfaltete es ganz, voller Angst. Wirklich ein schönes Handtuch, identisch mit denjenigen, die ich mit meinem Koffer bei der Ankunft auf dem Bahnhof in Auschwitz-Birkenau hatte abgeben müssen.

»Was soll das? Bist du verrückt?«

Sollte es eines von meinen sein …

Falls es das war, müsste sich das gestickte Monogramm meiner Mutter daran finden, ein G und ein M mit Röschen und Schleifen, geduldig und sorgfältig gestickt von der damaligen Signorina Toaf, während sie sittsam unter den Blicken der Mama neben ihrem Zukünftigen auf dem Sofa saß.

Es gab freilich viele ähnliche Tücher, und die Nadelarbeit war auch nicht besonders fein. Doch der Stoff, die Fransen …

Ergriffen wollte ich das Gesicht in den weichen Stoff schmiegen.

»Du bist verrückt! Wirklich verrückt!« Die Alte kam auf mich zu; sie wusste nicht recht, sollte sie sich fürchten oder wütend auf mich sein?

»Was machst du mit dem Handtuch? Gib es sofort her. Her damit!«

Sie riss es mir aus der Hand. Ich packte es aber gleich wieder – und in diesem Augenblick hätte ich auch töten können.

»Nichts verrückt! Mein Handtuch *kaputt* in Lager, verstehen? Da alles *kaputt*. Das hier mein Handtuch!«

»Deines? Wieso deines? Meiner Tochter gehört es!«

Sie schaute mich an, als wäre ich ernstlich verrückt, und dieser Blick steigerte meine Wut.

Ach, so versuchte sie es? Klar, das war ja auch am einfachsten: Nichts wissen, nichts verstehen!

Alles, was in Birkenau ankam, wurde durchgesehen, aussortiert, nach Deutschland geschickt. Allerdings nur das, was gut war, versteht sich. So waren meine schönen Handtücher geendet: In Deutschland oder auf dem Waschtisch irgendeines SS-Mannes. Und die Alte hier verlangte jetzt, ich solle das Handtuch dalassen, für ihre Tochter?

Scheiß auf die Tochter! Das Handtuch war meins oder musste meines werden, egal wie.

Die Gebärende begann wieder laut zu klagen, sie wand sich und krallte sich am Laken fest. Dann schrie sie mitleiderregend.

»Hermine!« Die Mutter ließ von mir ab und eilte ans Bett. »Hermine!«

Der Schrei dauerte an, ohrenzerreißend, aber das Leinenhandtuch hatte mir alles Mitgefühl ausgetrieben. Ich faltete es, hielt es fest und verließ schnell das Haus, ohne einen Gedanken an mein immer noch blutendes Knie, verfolgt von diesen Schreien, die mir in meiner Verhärtung auf die Nerven gingen, mich aufbrachten. Die hatte Schmerzen? Na und?

Auch ich hatte Schmerzen gehabt, bei meiner Abtreibung, ohne dass ich hätte schreien dürfen. Versucht hatte ich es. Aber sie hatten mich sofort angeherrscht: Den Nachbarn durfte nichts Verdächtiges zu Ohren kommen.

16

»Wer hat Ihnen denn die schöne Geschichte eingebrockt?« Der Arzt hatte so eine Art, sich halb ironisch, halb väterlich zu geben. »Wer ist für dieses Meisterwerk verantwortlich?«

Elmina wollte erst antworten, sagte dann aber doch nichts. Der Arzt schüttelte den Kopf.

»Nichts als Geheimnisse, die junge Dame. Sie wollen mir nicht sagen, wer Sie zu mir geschickt hat, wie Sie heißen auch nicht, nichts wollen Sie mir verraten. Na egal, legen Sie sich hin. Nein, Sie brauchen sich nicht auszuziehen.«

Der Behandlungstisch stand vor dem Fenster. Elmina schaute in den strahlend blauen Vormittagshimmel und bereute, dass sie dieses enge, schwere Kleid angezogen hatte. Der Arzt setzte sich vor ihr auf einen niedrigen Hocker, und die Hebamme reichte ihm ein Instrument. Elmina spürte, wie das harte, kalte Metall in sie eindrang und sich schmerzlich immer tiefer in sie hineinbohrte.

»Au!«

»Was, jetzt schon? Das fängt ja gut an! Es ist kaum losgegangen, und schon jammert sie!«

Vorwurfsvoll und hart schaute die Hebamme Elmina an, die begriff, dass sie sich falsch verhalten hatte, und sich das Taschentuch vor den Mund presste, das sie bislang in der Hand geknetet hatte.

Das kalte Ding in ihr drückte und spreizte sich weiter. Ihr Herz fing an, zu stolpern und zu rasen, der Schweiß brach ihr aus. Sie kniff die Augen zusammen und ächzte, gedämpft von dem Taschentuch. Endlich schuf der Schmerz sich eine Bahn, und sie musste einfach schreien.

»Still, verflixt! Wollen Sie das ganze Haus aufstören? Halten Sie den Mund!«

Jetzt spreizte sich das Instrument noch weiter; Feuerkringel kreiselten hinter Elminas Augenlidern. Zwei rücksichtslose Eisenfäuste zerrten ihr Inneres in verschiedene Richtungen, hatten sich in ihren Leib verbissen, bis es ihr vorkam, als würde ihr Fleisch nachgeben und wäre tatsächlich in zwei Teile zerrissen worden. Aber sie wusste, sie durfte nicht schreien, und sie schrie auch nicht, nur ein gequetschter Jammerlaut drang unter dem Taschentuch hervor. Der Schweiß tränkte ihr Kleid.

»Brav!«, sagte der Arzt. »Noch ein bisschen Geduld!«

Da trat ein neuer Schmerz an die Stelle der zerrenden Hände. Tief in Elminas Inneren fingen Rasiermesser an zu wirbeln wie Schlegel auf einer Trommel. Bei jedem Kreisen ratschten sie ihr ins Fleisch. Herz und Atem kämpften verzweifelt, auf den nächsten Hieb gefasst, bis beide stehen zu bleiben schienen und es Elmina vorkam, als würde ihr Blut die Kehle füllen.

Sie schnappte nach Luft, warf entsetzt den Kopf hin und her, mit weit aufgerissenen Augen:

»Aufhören!«

»Ja, ich höre ja schon auf!« Der Arzt sprach, als würde er einem lästigen und ein bisschen beschränkten Kind gut zureden. »Ich höre ja schon auf. Wir sind fertig!«

So unvermittelt, wie sie begonnen hatten, hielten die wirbelnden Rasiermesser inne. Elmina atmete auf, sie konnte noch gar nicht glauben, dass es überstanden war. Die Hebamme half ihr hoch, bis sie saß, und stützte sie.

»Sie Arme! Ihr Kleid könnte man ja auswringen!«

Um sich den Eingriff und ein paar Stunden Ruhe leisten zu können, hatte Elmina die Anstecknadeln und die kleine Handtasche aus Silberlamé versetzt, Hochzeitsgeschenke, die ihre Mutter mit so viel Freude erfüllt hatten. Weder der Arzt noch seine Helferin wollten glauben, dass Elmina sich aus reinem Zufall an sie gewandt hatte, nachdem ihr an der Tür das Schild des Spezialisten aufgefallen war. Die Praxis hatte gutgestellte Patienten, und so war man überzeugt, dass eine wichtige Persönlichkeit, die lieber im Verborgenen bleiben wollte, die junge Frau geschickt hatte. Beeindruckt von dieser besonderen Diskretion, wie man meinte, hatte man den Preis erhöht, Elmina dafür aber Ruhezeit im Haus zugestanden.

»Ausnahmsweise, damit das klar ist. Alle anderen gehen sofort nach Hause. Auf den eigenen Beinen, egal wie!«

Die Hebamme war noch recht jung, und sie pflegte sich gut. Die Lippen hatte sie mit dunklem Lippenstift nachgezogen, die Augenbrauen mit Pinzette und Kohle zu dünnen Strichen geformt. Sie verfügte über die geschäftsmäßige Höflichkeit einer, die es gewohnt war, sich nicht lang mit Gejammer abzugeben. Ihr Name war Marisa.

Sie geleitete Elmina in ein Zimmer, das bis auf ein Bett leer war, und half ihr, sich dort hinzulegen. Die Läden waren angelehnt, sodass im Raum linderndes Halbdunkel herrschte.

»Hier ist das Telefon. Ruhen Sie sich jetzt aus; nachher bringe ich Ihnen einen Teller Suppe.«

In der Tür blieb sie stehen, als wäre ihr noch etwas in den Sinn gekommen.

»Ich glaube, das waren Zwillinge. Und wenn eines allein, dann ein schweres. Hat es in Ihrer Familie schon einmal Zwillinge gegeben?«

Elmina verneinte.

»Aha.« Und die Hebamme schloss die Tür.

Elmina machte die Augen zu und genoss die Entspannung. Dankbar und heiter dachte sie an ihre Mutter, die über Zeit und Tod hinweg bei ihr war und ihr half – durch den Verkauf der Hochzeitsgeschenke hatte sie sich vor Schlimmerem bewahren können.

Das Telefon interessierte sie nicht. Sie hatte niemanden anzurufen, wusste auch kaum etwas vom Vater der Zwillinge. Ein Unbekannter war es, mit dem der Zufall sie zusammengebracht hatte, an jenem Abend, an dem sie hatte sterben wollen.

Sterben. Das einzig Würdige und Vernünftige, das ihr noch zu tun blieb. Sie hatte sich so sehr nach Freiheit und Freude gesehnt und war so schnell in Traurigkeit und Zwängen gelandet, mit in den Staub getretenen Idealen, tief in der tiefsten Hoffnungslosigkeit. Seit sie in Florenz bei der Familie Della Seta arbeitete, die wie sie unter den Beschränkungen durch die Rassengesetze zu leiden hatte, verbrachte sie ihre freien Stunden damit herumzulaufen. Von der Stadtmitte zum Stadtrand und zurück, mit der sinnlosen Beharrlichkeit des Insekts, das in einem geschlossenen Glasröhrchen hin- und herwandert.

Wer war sie? Wo war der Insektenkundler, der ihr Leiden beobachtete? Sie hatte gelernt, wie man sich mit Tränen betäubt, die Gedanken in einen schläfrigen Zustand bringt, der dem Anschein nach ein wenig Frieden brachte, aber durchaus kein Friede war. Also betrat sie oft die erste Kirche, an der sie vorüberkam, und kniete in einer Bank nieder. Dann nahm sie den Kopf zwischen die Hände und weinte, bis sie jene Leere spürte, den tückischen Ersatz der Seelenruhe. Ihr half das Halbdunkel mit den flackernden Kerzen, manchmal auch der große Orgelklang.

Im Hause der Della Setas hatte sie sich still, umgänglich und sogar optimistisch zu geben, das wurde von ihr erwartet. Man hatte sie für die Pflege eines wenige Monate alten Enkelkindes angestellt und damit sie Mutter und Tochter in dem großen Haushalt zur Hand ging, vor allem aber als Gesellschaft für die langen, traurigen Abende. Dafür erhielt sie ihr Gehalt.

Ein ausgesprochen gutes Gehalt, hatte Fiore gemeint, ihre Freundin aus der Ferienkolonie.

»Du verdienst mehr als ich, denn du wohnst und isst umsonst. Komm, da kannst du dich nicht beklagen! Weißt du nicht mehr, wie knapp wir's in der Kolonie hatten? Mit dem, was ich hier im Büro verdiene, muss ich jahrelang sparen, bis ich genug zum Heiraten zusammen habe!«

Fiore war verlobt, und daher konnte Elmina sie nicht vom Büro abholen – da wartete immer schon der Liebste. Sie mussten doch poussieren, bevor es nach Hause ging!

Einsam und ziellos wanderte Elmina durch die Stadt, und wenn nötig, ging sie in eine Kirche zum Weinen.

Sonst half das immer. An jenem Abend aber absolut nicht. Sie hatte ihre Freundin anrufen wollen, und wieder – das geschah immer häufiger – hatten die Nachbarn, denen das Telefon gehörte, Fiores Mutter geholt, eine feiste Dame, die ihr von Anfang an mit Misstrauen begegnet war.

»Sie wissen ja, wie das ist. Man möchte den Nachbarn nicht zur Last fallen, die haben schließlich keinen Telefondienst, das stimmt schon. Außerdem ... Fiorenza arbeitet. Wenn sie abends nach Hause kommt, ist sie müde, und die Ärmste hat ja auch so ihre Sorgen. Die haben wir schließlich alle. Was sagen Sie? Schreiben? Wie zwei Verliebte? Tun Sie mir den Gefallen, vergessen Sie Fiore. Wenn man darüber nachdenkt, haben Sie doch nur wenig miteinander gemeinsam. Warum jetzt so ein Theater machen? Suchen Sie sich einen von Ihrer Art und heiraten Sie. Das hat Ihnen doch niemand verboten! Tun Sie sich mit einem ordentlichen jungen Mann zusammen, für den Rat werden Sie mir noch danken. Alles Gute!«

Befriedigt hatte Fiores Mutter den Hörer aufgelegt. Für Elmina war es, als wäre eine Tür hinter ihrer Freundin ins Schloss gefallen. Mit wem sollte sie jetzt noch reden?

Wenn sie in der Kirche jenen benommenen Zustand erreicht hatte, begann sie gewöhnlich zu beten. Ihrem Stolz zum Trotz war Elmina sich darüber im Klaren, dass auch sie hierher kam, um Beistand zu erflehen, und deshalb sprach sie ohne Unterschied die hebräischen wie die lateinischen Gebete, die geheimnisvollen Worte, die sie von ihren Tanten gelernt hatte, und diejenigen, die Leontina und ihre Patin ihr heimlich beigebracht hatten. Ob Hebräisch oder Latein, was machte das schon? Falls es wirklich einen Unterschied gab, dann war er ihr gleichgültig.

Zwar war sie insgeheim überzeugt, dass niemand vom Himmel hoch auf sie herabsah, aber trotzdem, es wäre so süß gewesen! Wie ein naschhafter Kranker war sie, der auf Diät gesetzt ist und sich den Wohlgeschmack aller Dinge vorstellt, die er nicht bekommt.

»Schma Israel, Adonai elocheinu … Pater noster qui est in coelis …«

Doch an jenem Abend versuchte sie nicht einmal mehr das. Sie lief, bis es dunkel wurde und die Geschäfte schlossen. Die Straßenbahnen fuhren an ihr vorbei, voll mit Menschen, die von der Arbeit nach Hause fuhren. Bald war Abendessenszeit.

Auf einmal, sie überquerte eine Brücke, war sie so unendlich müde. Sie hielt sich am Geländer fest, neigte den Kopf über das dunkle Wasser und dachte noch einmal an die kurze Zeit voller Hoffnung und Freude zurück. Hatte es die überhaupt gegeben? Hatte sie jemals die Zeitung aufgeschlagen, zitternd vor Erwartung, gleich ihren Artikel zu entdecken, den sie dann stolz Armando zeigte?

»Da steckt Talent drin«, meinte der. »Wirkliches Talent.«

Armando hatte ihr auch die Anstellung in Florenz verschafft. Rechtsanwalt Della Seta war ein alter Bekannter von ihm, ein Freund.

Eigentlich fand er ja, Elmina sollte wieder zu ihren Tanten ziehen. Aber davon wollte sie ja absolut nichts wissen … Ein Fehler war das, wirklich.

Elmina hatte ihn verblüfft angeschaut, sprachlos. Nach Hause zurückgehen? Was für ein unmöglicher Vorschlag! Sich fesseln und knebeln lassen, für ein langsames Sterben? Ihre enttäuschten Hoffnungen derart mit Füßen treten? Nein, sie konnte nicht darauf verzichten, für sich selber zu sorgen, und da wollte sie auch die Folgen ihres Handelns tragen. Zurück? Das ging nicht. Im Leben nicht.

Armando hatte nicht weiter darauf bestanden. Einige Monate lang hatte er sie regelmäßig getroffen, so, wie sie ihren freien Tag einrichten konnte. Dann hatte er eines Tages seine Briefe zurückverlangt.

Elmina schaute in den Fluss und sah die Szene vor sich. »Wenn du sie mir nicht gibst, komme ich nicht mehr zu dir. Du weißt, wenn ich etwas sage …« Sie war ja nicht dumm. Sie wusste genau: Wenn sie ihm die Briefe gab, würde sie ihn erst recht nicht wiedersehen. Er fürchtete, sie könnte ihn kompromittieren, sie war ihm zur Last geworden, genau wie für Fiores Mutter. Aber er wollte sich als feiner Herr betragen. Melancholisch-würdevoll hatte sie ihm die Briefe gebracht. Hier!

Sie hatten sich stets in der Wohnung einer gewissen Signora Argia getroffen, die sich damit über Wasser hielt, dass sie ein Zimmer an vertrauenerweckende Paare vermietete, stets unter großem Wohlanständigkeitsgetue. Das Zimmer war groß, altertümlich eingerichtet, ein ungenutzter Kamin war darin, die rotschwarzen Bodenfliesen waren abgenutzt, so oft hatte man sie gescheuert. Jetzt, im Winter, war das Zimmer lausig kalt.

Also hatte Elmina den Mantel nicht ausgezogen; Armando, ebenfalls im Mantel, griff nach den Briefen, die sie ihm hinhielt. Er schichtete sie im Kamin auf und zündete einige Briefe an, die er hochhielt, damit das Feuer besser in Gang kam.

Wie sich das Papier gewellt hatte! Armando blies in die Glut, damit ja nicht die geringste Spur blieb. Bald waren die Briefe zu einem kleinen Häufchen Asche geworden.

Dann hatten sie sich hingesetzt, geraucht und die Lage besprochen.

»Irgendwelche Geldsäcke«, meinte er, »haben vielleicht Grund, sich Sorgen zu machen. Aber wem kannst du schon geschadet haben? Lass lieber für dich sorgen. Ihr Juden helft euch doch untereinander, darin seid ihr ja wirklich gut. Also …«

Ihr Juden, ihr Juden, ihr Juden …

Elmina war nicht so überzeugt von der gegenseitigen Hilfe. Sie dachte an das Misstrauen und die Kritik, mit der man häufig den Oberschülern begegnete, die nach Italien kamen, weil ihnen in der Heimat das Abitur verweigert wurde. Sie waren Juden, und die Gemeinde nahm sie auf, fand sie jedoch nicht besonders dankbar. Rabbiner und Frömmler klagten, die Gäste brächen immer politische Diskussionen vom Zaun. Über Palästina wollten sie reden, aber dabei vernachlässigten sie die Synagoge! Außerdem schienen sie sich in der Rolle der Kassandra zu gefallen. »Fühlt ihr euch tatsächlich so sicher? Glaubt ihr denn, hier kann nicht dasselbe passieren wie in Deutschland?« Als gäbe es keine Unterschiede zwischen dem italienischen Faschismus und dem deutschen Nationalsozialismus, so meinten die Gemeindeoberen. Als ließe sich Mussolini mit Hitler vergleichen! Mit den Deutschen habe es doch immer Krieg gegeben. Die barbarischen Gesetze der Teutonen in Italien? Unvorstellbar! Diese jungen Leute träumten vom Heiligen Land und wollten dort arbeiten, dabei vernachlässigten sie ihre Glaubenspflichten! Die Toafs hatten sich bereit erklärt, das Zimmer ihres verstorbenen Vaters an eine Studentin zu vermieten, die aus Deutschland geflohen war, Erna Schwarz. Mit ihr gab es erbitterte Auseinandersetzungen. Ihre Ideen, ihr verschlossenes Gesicht erregten keine Sympathie, also hatten die Tanten sie bei der ersten sich bietenden Gelegenheit aufgefordert, sich eine andere Bleibe zu suchen: Erna hatte auf ihrem Zimmer ein Stück Brot mit Mortadella gegessen. Dabei weiß doch jeder gute Jude von klein auf, dass Schweinefleisch verboten ist!

Ihr Juden, ihr Juden, ihr Juden …

Nein, die Della Setas würden ihr nicht helfen, eine Arbeit zu finden, die ihr mehr entsprach. Was sollte sie tun? Auswandern, wie der Schwiegersohn der Della Setas, wie die Schwarz und so viele andere?

»Die Entscheidung liegt bei dir«, hatte Armando gemeint.

Da die Entscheidung bei ihr lag, beugte sie sich über den Fluss und schaute tief in das dunkle Wasser. Sie stellte sich das dumpfe Platschen vor, das kurze, verzweifelte Strampeln, dann das Untergehen. Die Strömung zerrt an dir, der Schlamm hält dich fest, du willst wieder hinauf und kannst es nicht, du kämpfst tief unten, während oben die letzten Ringe sich verlaufen ... Die Nachricht von ihrem Selbstmord würde nicht einmal in der Zeitung erwähnt werden, die Della Setas würden ihr Eigentum den Tanten schicken. »Auch das noch!«, würden die Signorine Toaf weinen. »Dass sie uns auch das noch antun musste!«

Natürlich, ein Schuss aus dem Revolver wäre besser. Schneller, sicherer ... aber woher nehmen?

In diesem Augenblick kam der Unbekannte vorbei, verlangsamte den Schritt und drehte sich nach ihr um. Er ging weiter. Drehte sich erneut um. Dann machte er entschlossen kehrt und hob die Hand kurz zum Gruß.

»Haben Sie keine Angst, so lange in der feuchten Luft zu stehen, Signorina? So ganz allein ... darf ich Ihnen Gesellschaft leisten?«

Die üblichen Annäherungsfloskeln. Sie antwortete nicht, doch der Mann ließ nicht locker und stellte sich neben sie.

»Stört es Sie, wenn ich eine Zigarre rauche? Manche Frauen ertragen das ja nicht. Gestatten?«

Elminas Vater hatte Zigarren geraucht. In dem Brief, mit dem sie seinen plötzlichen Tod mitteilte, hatte seine Witwe geschrieben: »... gerade, als er eine von diesen verfluchten Zigarren anzünden wollte, dabei waren ihm die verboten worden«, und daher müsse »man schon sagen, er hat das Unglück gesucht«.

Das war der zweite Mann, der ihr starb, sie schien es als persönliche Beleidigung zu empfinden.

Zigarren hatten Elmina nie gestört. Im Gegenteil, der Geruch der schwarzen toskanischen Zigarren durchzog alle frohen Erinnerungen an die Kindheit, als sie sich auf jeden der seltenen Besuche ihres gutmütigen Vaters freute, denn das bedeutete Sahnetorte, Kino und Ausflüge.

Also gab sie dem Unbekannten mit einer Geste zu verstehen, dass die Zigarre sie nicht störte. Ihre Sehnsucht nach Geborgenheit und Sicherheit war so unerträglich, dass sie bei dem vertrauten Kindheitsgeruch endlich in Tränen ausbrach.

»Sagen Sie mir die Wahrheit!« Jetzt schlug der Mann einen autoritären Ton an, ganz wie ein Lehrer alter Schule gegenüber einer dummen Schülerin.

»Sagen Sie mir die Wahrheit! Was hatten sie auf dieser Brücke vor? Haben Sie Ärger mit Ihrem Liebsten? Sie wollten doch keine Dummheiten machen?«

So begann ihr Gespräch, und da Elmina zugab, doch, genau das hätte sie gewollt, regte der Mann sich auf und schimpfte, sie sei ja wahnsinnig. Nicht einmal ein todkranker Greis wolle einfach so auf das Leben verzichten. Im Gegenteil, der klammere sich daran! Und sie wollte es wegwerfen? Mit zwanzig Jahren? Ein Verbrechen, ein wahres Verbrechen!

»Vergessen Sie denn ganz, dass wir nur ein Leben haben? Wenn man es versuchen und danach wieder zurückkommen könnte, ja dann ... Aber da gibt es kein Zurück. Dann ist es vorbei, verstehen Sie? Denken Sie mal daran, wie morgen lebendige Menschen über diese Brücke gehen. Lebendig, sage ich. Stellen Sie sich vor, wie die sagen: ›Wenn morgen schönes Wetter ist, gehen wir wandern.‹ Und Sie? Sie wären dann schon furchtbar hässlich, aufgequollen, faulig. Die Fische hätten schon Ihre Augen gefressen!«

Er hakte sie unter und zog sie fort. Elmina war ihm dafür dankbar. Als sie unter einer Laterne vorbeikamen, sah sie ihn an: ein gut aussehender, stattlicher Mann in den Vierzigern, in einem grünen Lodenmantel mit Gürtel um die Hüfte, die Zigarre im Mundwinkel zwischen den roten Lippen.

»Jetzt gehen wir erst mal etwas Warmes trinken, und dann erzählen Sie mir, was so Schlimmes passiert ist.«

Sie fuhren mit der Straßenbahn in die Nähe des Bahnhofs, denn der Lodenmantel erklärte, er sei auf Geschäftsreise in Florenz und wolle am Morgen nicht in aller Herrgottsfrühe aufstehen müssen, um seinen Zug zu erreichen, also habe er hier ein Hotelzimmer genommen.

Er fragte Elmina, wo sie wohne, ob sie erwartet werde. Wenn sie frei hatte, pflegte sie immer noch bei Signora Argia zu übernachten, doch kam ihr das zu zweideutig vor, also erfand sie etwas von Verwandten, die meinten, sie mache einen mehrtägigen Ausflug.

»Und den wollten Sie im Jenseits beenden?«

Sie betraten ein Café, der Lodenmantel bestellte einen Kakao für Elmina und einen Cognac für sich.

»Haben Sie schon zu Abend gegessen?«

Elmina nickte, obwohl es nicht stimmte.

Das heiße Getränk belebte sie, sie bekam rote Wangen, und der Mann freute sich, dass sie sich so schnell erholte.

»Ein so hübsches Mädchen, und denkt ans Sterben … Also wirklich! Sachen sind das! Was muss man sich alles anhören!«

Er tätschelte ihr die Wange, dann wollte er genauer die Gründe für diese abwegige Entscheidung wissen. Elmina erzählte etwas, aber ohne auf Einzelheiten einzugehen. Sie wusste ohnehin schon, was er sagen würde.

»So ein dummer Kerl! Muss er unbedingt die Deutschen nachäffen! Reicht ihm nicht, dass wir denen den Stechschritt abgeschaut haben? Weißt du, ein paar meiner besten Freunde sind Juden, Freunde, die …«

Er schilderte lang und breit die Geschichte seiner guten Freunde, und es war eben so eine Geschichte, wie Elmina sie schon unzählige Male gehört hatte. Der Professor, dem man den Lehrstuhl aberkennt, der kleine Angestellte, der seinen Posten verliert, das Kind muss das Studium abbrechen, die Verlobten können nicht heiraten ... Beim Lodenmantel war es ein Berufssoldat. »Und zwar dekoriert!« Vom einen Tag auf den anderen war er wieder ein Zivilist. Einen Nervenzusammenbruch hatte er erlitten, und jetzt ging es darum, ob er in eine Heilanstalt musste, der Arme.

»Überall gibt es Böse wie Gute. Was soll da das Rassengerede? Kein Mensch kann sicher sein, dass er das Kind seines Vaters ist, und da kommen die von wegen ›reine Rasse‹!«

Er schüttelte den Kopf, damit war das Thema beendet. Nachdem er einen weiteren Cognac bestellt hatte, erzählte er von sich, seiner Familie, auf jene etwas schamlose Weise, in der manche Männer sich anvertrauen, wenn sie wissen, dass sie einen nie wiedersehen werden.

Er war verheiratet, besaß eine Nudelfabrik und hatte zwei Söhne. Beide gingen zur Schule, der eine hatte mit Zahlen nichts am Hut, der andere hingegen war ein glänzender Mathematiker. Ganz der Vater! Über seine Frau konnte er nur Gutes sagen, wirklich eine brave Frau, eine hervorragende Köchin und Wirtschafterin. Zwar ein bisschen dick geworden, sei sie doch immer noch durchaus präsentabel. Ganz für Haushalt und Familie da, und in gewissen schwierigen Zeiten hätte sie die Ärmel aufzukrempeln und das Ihre zu tun gewusst. Schade, dass ... na ja, das andere, sie wisse schon, das sei ihre Sache nicht. Vor allem, seit die Kinder da seien; wenn sie es jetzt mache, dann fast wie ein Opfer aus reinem Pflichtgefühl. Eheliche Pflichten!

Ihm widerstrebte das. Er musste sich regelrecht überwinden, aber wenn der Drang es verlangte (und Männer haben eben bekanntlich einen starken Drang), dann überwand er sich. Auch weil die Frauen so kompliziert sind. Eigentlich bedeutet es ihnen nichts, aber wenn der Mann nun gar nicht mehr will, passt es auch wieder nicht, sie schöpfen Verdacht, beklagen sich bei ihren Freundinnen, er vernachlässige sie. Verstehe mir einer die Frauen! Aber es ist eben kein Vergnügen, in ehelicher Pflichterfüllung geküsst zu werden. Vor allem, weil die Sache für ihn das Allerwichtigste im Leben sei. Es geht doch nur darum, oder, alles dreht sich um diese eine Sache. Was gibt es denn Besseres? Fand sie das nicht auch?

Er streichelte ihr die Hand, während er sprach, dann die Knie, selbstgefällig lauschte er seiner klangvollen Stimme, erregt von dem möglichen Abenteuer. Die Welle von Gefühlen hingegen, die Elmina beim Geruch der Zigarre überspült hatte, war verebbt, und nun war ihre Seele vom kalten Sand der Gleichgültigkeit bedeckt. Wenn sie gesprungen wäre … dann wäre sie jetzt schon ein lebloses Etwas unten im schlammigen Flussbett. Sie brauchte nicht mehr über diese Dinge nachzudenken. Jetzt hingegen …

Die Wärme des Kakaos und des Cafés, die Müdigkeit nach dem langen Fußmarsch und diese Stimme machten sie benommen. Sie begriff wohl, worauf der Mann hinauswollte, aber es kam ihr vor, als würde er mit einer anderen sprechen: Mit der, die ihn in sein Hotelzimmer begleiten und sich dort auf das Bett legen würde.

»Möchtest du noch etwas trinken? Einen kleinen Cognac? Iss noch ein Stückchen Gebäck, und dann gehen wir.«

Im Hotel verhandelte der Lodenmantel mit dem Portier, der schließlich schmierig grinsend nickte, während sie abseits danebenstand, sich schämte und auf den Treppenläufer blickte. Rot war er, befestigt mit blinkenden Messingnägeln.

Dann gingen sie hoch. Es war ein Doppelbett, doch nur die eine Seite war zur Nacht bereit gemacht. Auf das umgeschlagene Betttuch hatte man sorgfältig einen himmelblauen Pyjama gelegt.

»Mein Schatz!« Der Lodenmantel fasste sie für einen ersten feuchten Kuss um die Hüften. »Mein Schatz! Hübsches Kind!«

Alles, auch der Unterrock und der Schlüpfer, die Armando einst gefallen hatten, landete auf dem Teppich, und Elminas junger Körper warf sich mit der Wucht des Selbstvernichtungswillens gegen den des Unbekannten, als könnte die Umarmung dieser stämmigen Gliedmaßen sie schneller zunichte machen, als das träge Wasser es vermocht hätte. Sie schloss die Augen und ließ sich fallen, das Gesicht des Mannes wurde rot vor Lust und hässlich. Aber manchmal sah sie wieder hin, denn zu ihrer Verwunderung erlebte sie etwas, das sie bei dem kleinlichen, alternden Armando nie kennen gelernt hatte. Während ihre ineinander verschlungenen Körper feucht und klebrig wurden, überlief sie immer öfter ein ungeheurer Lustschauer, immer heftiger, bis zu einer Ekstase, die sie aufstöhnen ließ und ihre Seele kurz aus der Versteinerung lockte, in die sie sich zurückgezogen hatte, um das ganze Gestrampel zu beobachten. In einer Ruhepause, als der Mann ins Bad ging, um ein frisches Handtuch zu holen, dachte sie, sobald er weg ist, würde sie wieder auf die Brücke gehen und diesmal nicht zaudern. Die Vorstellung machte sie betroffen, dass dieser Inhaber einer Nudelfabrik, dieser große weiße Körper, tatsächlich das letzte lebende Wesen sein sollte, mit dem sie zu tun hatte. Das letzte lebende Wesen!

Das kam ihr sehr eigenartig vor. Der Gedanke ließ sie das, was hier geschah, in einem ganz anderen Licht sehen.

Wie es sich aufführte beim Reden, dieses lebende Wesen! Wie sehr es sich aufspielte mit seinen Geschäften, seiner Familie, seinen Bettgeschichten! Das nannte es »das Leben«. War es das denn wirklich? Vielleicht konnte sie, die schon Abschied davon genommen hatte, das gar nicht mehr beurteilen. Würde sie auch eines Tages so leben, wenn sie nicht schon den Mut verloren hätte? Sie beobachtete ihn kalt. Sie hatte nichts mit ihm gemeinsam, obwohl sie noch eben mit seinem Körper vereinigt gewesen war.

In der letzten Zeit ihres Zusammenseins mit Armando hatte

sie schon die schreckliche Einsamkeit und die Möglichkeiten zum Selbstbetrug geahnt, die die körperliche Liebe mit sich brachte. Allein die Tatsache, dass man mitten in der Verschmelzung und physischen Lust geistig losgelöst sein konnte, beobachten konnte, hassen oder bemitleiden, allein das erschien ihr unendlich traurig.

»Du bist mein!«, blökte der Mann und keuchte ihr ins Gesicht. Und mit melancholischer Zärtlichkeit strich Elmina ihm durchs Haar. Sein!

So verging einige Zeit, bis er sich von ihr löste, hustete, sich mit befriedigter Geste eine Zigarre ansteckte und meinte, sie sei wirklich ein liebes Mädchen.

»Ich muss unbedingt öfter nach Florenz kommen. Wie kann ich dich erreichen, wenn ich komme? Wir müssen uns wiedersehen!«

Kurz war sie versucht, ihm zu sagen, dass er sie nie wiedersehen würde. Doch wozu? Außerdem war sie todmüde; ihr erschöpfter Körper wollte nur noch schlafen. Um es kurz zu machen, sagte sie, er könne ihr eine Postkarte schicken; postlagernd natürlich.

»Gut!«, gähnte er und legte die Zigarre in den Aschenbecher. Dann zog er die Decke zu sich hinüber, wickelte sich ein, löschte das Licht und war in derselben Sekunde eingeschlafen.

So waren die Zwillinge entstanden.

17

Sollten es etwa wieder Zwillinge sein, die mich so benommen und müde machten, dass ich schier nicht aufstehen wollte? Ich lag neben einem Farnbusch, den Kopf auf dem Tuch aus flandrischem Leinen, das ich aus dem Haus der Gebärenden hatte mitgehen lassen. Die Vermutung ließ mich lächeln. Da war zwar der Unbekannte mit dem Streichholz gewesen, jener Soldat im Bauernhaus, doch wenn ich an den medizinischen Geruch der Suppe in Birkenau dachte und an deren sofortige Wirkung auf die Monatsblutungen – dann war ich vor jeglicher Folge gefeit.

Dennoch, ich wollte einfach nicht aufstehen. Zerstreut wanderte mein Blick von der Landschaft in den Himmel und wieder zur Landschaft zurück. Grüne Streifen jungen Getreides wechselten mit Stellen, wo die Erde die Spuren des Krieges trug. Das verkohlte, rußige Wrack eines Panzers lag auf einem aufgewühlten Feld. Und dort war auch die Straße, breit, gerade, leer, von dichtem Gebüsch flankiert.

»Na los schon, du Faulpelz! Idiotka! Wenn du so weitermachst, dauert es noch ein Jahr! Steh auf und schau, dass du weiterkommst!«

Ich schimpfte mit mir, mit dieser Elmina, die noch fünf Minuten verweilen wollte oder bis die Krähen sich aufs Feld setzen würden – doch schließlich rappelte ich mich auf und ging wieder zur Straße.

Als ich an dem Panzerwrack vorüberkam, erregte etwas Funkelndes meine Neugier: Der Messinggriff eines Schnappmessers ragte aus dem verbeulten Blech hervor. Es war in meiner Reichweite; sofort probierte ich den Klappmechanismus und prüfte die Schärfe der Klinge. Würde ich töten können? Ich tat so, als stieße ich zu. Recht bedacht, entschied ich: Ja, ich würde es können. Viel gehört nicht dazu. Eine Bewegung im rechten Moment … und alles, was einen Menschen ausmacht, vieljährige Erfahrung, Gedanken, Leidenschaften, fällt in sich zusammen, wird steif, vergeht in einem Augenblick. Mir kam in den Sinn, wie ich vor einem Jahr zum letzten Mal Zeitung gelesen hatte, einen Artikel, in dem die Juden als kriegsuntauglich und feige bezeichnet wurden. Sie könnten nicht töten, hieß es da, sie weigerten sich. Seit Jahrtausenden bringe man sie um, und sie erduldeten nur, beteten, hofften. Als Illustration daneben die Karikatur eines Juden; er betet den Stiefel an, der ihn gleich zermalmen wird.

Signora Della Seta, die so darunter litt, dass ihr Schwiegersohn hatte auswandern wollen, um sich mit seiner Frau in den Vereinigten Staaten ein neues Leben aufzubauen, warf ihm vor, er wolle die Familie auseinander reißen; allein schon, wenn man seinen Satz höre:

»Ich tauge nicht zum Opfer und auch nicht zum Ewigen Juden. Wenn die versuchen, mich zu töten, dann töte ich sie!«

Er war ein Hitzkopf, und natürlich hatten sie ihre Tochter und das Enkelchen nicht mitreisen lassen. So war er allein nach Palästina gegangen und schleppte Steine unter glühender Sonne, statt sich um eine Verbesserung der Situation zu Hause zu bemühen, warf ihm Signora Della Seta vor, wie es ihr Mann tat, der nicht nur ein guter Anwalt war, sondern die besten Verbindungen nach Rom hatte.

Und mein Cousin, der »Erzfaschist«? Der hatte im Krieg getötet und war stolz darauf. Es sei seine Pflicht gewesen und er sei ausgezeichnet worden.

Als Vater sah er das natürlich anders. Das letzte Mal, dass ich ihn sah, war er auf dem Weg zum Standesamt, um zu beeiden, dass seine beiden Kinder, Ornella und Marcolino, der Jüngere, in Wirklichkeit nicht seine Kinder seien und von ihm nur den Namen hätten. Ja, tatsächlich: Seine Frau habe ihm Hörner aufgesetzt. Er nutzte zur Rettung seiner Kinder ein gesetzliches Schlupfloch, demzufolge das halb arische Blut in ihren Adern sie vor der Verfolgung bewahrte, wenn die Vaterschaft ungeklärt war. Warum hätte er das nicht beeiden sollen? Schämen, so fand er, sollten sich diejenigen, die ihn zu dieser Verzweiflungstat zwangen. Für das Überleben seiner Kinder ließ er sich gern zum amtlich anerkannten Hahnrei erklären! Dabei wussten alle, dass Doda über jeden Zweifel erhaben war.

Die Signorine Toaf und andere mit ihnen hatten entsetzt reagiert. Der »Erzfaschist« handele ohne jeden Anstand und sei ein schlechter Jude. War das denn das erste Mal, dass der Herr seinem Volk solche Prüfungen schickt?

Fast zweitausend Jahre Verfolgung und Vernichtung lagen hinter uns, die Juden waren vom einen Land ins andere gejagt worden, ein ums andere Mal hatte es Pogrome gegeben. Aber es gab uns noch. Also lasen meine Tanten Toaf bei jedem bösen Vorzeichen die Psalmen Davids.

»*... Mein Auge schwindet hin vor Gram,*
ist trübe geworden ob all meinen Drängern.
(...) der Herr hat mein lautes Weinen gehört,
der Herr hat mein Flehen gehört,
der Herr nimmt an mein Gebet.
Es werden zuschanden,
es erschrecken alle meine Feinde ...«

Man müsse also auch dankbar sein, meinten sie. Mir hingegen schien es eher so, als hätte dieser Gott noch vieles gutzumachen.

Im Nachdenken schritt ich kräftig aus. Ich versuchte, die Zeilen eines Psalms aus dem Gedächtnis hervorzuholen, den man mir als Kind beigebracht hatte und den ich innerlich aufsagte, wenn meine Tanten aus irgendeinem Grund verärgert waren, mich mit Hausarrest belegten und ich Armando nicht treffen konnte. »Warum weinst du, meine Seele, und zitterst in mir?«

Ich schrak zusammen, denn da rumpelte ein Mannschaftswagen heran; er hielt mit laut quietschenden Bremsen, und russische Soldaten sprangen heraus. Das Maschinengewehr im Arm, schauten sie mich neugierig an.

»Hallo, du!«

Ein großer Kerl mit Rangabzeichen auf den Epauletten fixierte mich aus misstrauischen, hellen Augen.

»Was machst du hier? Woher kommst du? Wohin gehst du? Bist du allein? Warum?«

Ich war allein und ging zur Brücke von Schwerin, weil Italianska. Dass ich aus einem Lager kam, schien mir offensichtlich, schließlich trug ich Lagerkleidung.

»Hast du Männer im Wald gesehen? Deutsche?«

Nein, hatte ich nicht. Da beachtete er mich nicht weiter, gab den Männern ein Zeichen, und sie schwärmten mit gezückten Maschinengewehren in den Wald aus. Ein Kleiner, der in meiner Nähe vorbeikam, lächelte mir zu. Er zog ein Päckchen Zigaretten aus der Tasche und reichte es mir freundlich.

»Spassiba, spassiba!«, bedankte ich mich auf Russisch.

Er winkte mir noch einmal freundlich lächelnd zu und schloss sich seinen Kameraden an, während ich weiterwanderte und dachte, was für ein Vermögen diese Zigaretten in Birkenau bedeutet hätten. Gegen Brot und Margarine hätte ich sie eintauschen können, vielleicht auch für ein paar Mohrrüben oder saure Äpfel. Jetzt hingegen waren sie für mich ein wertloser Luxus, denn ich hatte nie wirklich geraucht. Jedenfalls nicht auf Lunge, Oal lachte mich jedes Mal aus, wenn ich den Rauch gleich wieder ausstieß. »Du rauchst nicht, du paffst ja nur! Die reine Angabe!«

Nun, jetzt bekam ich auf einmal Lust zu rauchen. Ich blieb stehen und zündete eine Zigarette an. Auch jetzt inhalierte ich nicht, doch mir wurde sofort übel, und ich musste die Zigarette fortwerfen. Mein Magen wollte sich umstülpen, und ich lief rasch in den Wald, um mich irgendwo erleichtern zu können, ohne dass es von der Straße aus zu sehen wäre. Ich legte mich hin, von Würgekrämpfen geschüttelt, mich fröstelte, kalter Schweiß brach mir aus.

»Schläfen und Lippen mit Essig betupfen!« Tante Linda, Spezialistin für Krankheiten und Wehwehchen jeder Art, hatte immer diesen Rat gegeben.

Mangels Essig zog ich die Flasche mit Schnaps aus meiner Tasche und wandte ihn genauso an.

Das half tatsächlich, und nachdem ich eine Viertelstunde mit geschlossenen Augen geruht hatte, redete ich mir gut zu: »Auf geht's! Jetzt mach nicht so lange!« Und stand auf.

Das Unterholz war dicht, es bestand aus Büschen und riesigen Farnen. Der feuchte Boden ließ auf eine nahe Quelle hoffen, an der ich mich erfrischen könnte. Ich begann zu suchen, bis mich trotz der absoluten Stille das Gefühl naher Gefahr befiel.

Der Offizier hatte nach Deutschen hier im Wald gefragt, und den durchkämmten die Soldaten nun. Was hatte ich hier zu suchen?

Ich schaute nach oben, doch das Geäst war so dicht, dass ich die Sonne nicht entdeckte. Dichte Brombeerranken versperrten mir den Weg. Nichts Besonderes war zu sehen oder zu hören. Trotzdem spürte ich instinktiv eine noch unsichtbare Gefahr. Da, etwas kullerte. Ein Stein?

Ich drehte mich rasch um, und fast in demselben Augenblick sprang der Hund bellend aus dem Gebüsch und kam auf mich zu. Er schien geschwächt oder verletzt zu sein, denn ich hatte noch Zeit, hinter einen dicken Stamm zu springen. Dennoch streiften mich seine Zähne am Arm. Ich bemerkte es zuerst nicht einmal; das gelbliche Funkeln seiner Wolfsaugen versetzte mich in Panik. Ohne nachzudenken, zückte ich das Messer, ließ die Klinge herausschnappen und hielt es ihm laut schreiend hin.

Er wich zurück. Dann fletschte er die Zähne und sprang.

Ohne zu wissen, was ich tat, ohne meinen eigenen Hilferuf zu hören, wich ich ihm um den Stamm herum aus, dann senkte ich das Messer und stieß blindlings zu, mit aller Kraft. Schon war ein Ärmel meiner Jacke zerfetzt. Laut bellend, schnappte der Hund nach meinem linken Arm, auch er entschlossen, sein Leben zu verteidigen, und hielt ihn wie in einem eisernen Schraubstock gepackt. Während ich immer gellender schrie, stach ich mehrmals zu, verzweifelt, ohne zu zielen. In dem Moment hallte der Schuss.

Der Hund schien kurz mit aller Kraft zuzubeißen, dann ließ er locker. Zappelnd hob es ihn durch die Luft, als wollte er einen Purzelbaum schlagen, dann fiel er zu meinen Füßen hin und blieb mit aufgerissenen Augen liegen. Blut rieselte über den rötlichen Pelz.

Auch ich konnte mich erst nicht rühren. Dann überlief mich ein konvulsivisches Zittern, ich schlotterte am ganzen Leibe und klapperte mit den Zähnen. Meine Beine gaben nach, und ich fiel vor dem Stamm zu Boden; undeutlich bemerkte ich noch, dass hinter der Brombeerhecke etwas vor sich ging, ich hörte Schreie, Befehle. Eine Maschinengewehrsalve knatterte. Noch ein einzelner Schuss, dann wieder Stille, unterbrochen von den Stimmen herbeieilender Soldaten.

»Geht es schlecht?«

Jemand bückte sich mit einem Taschentuch, um mir den blutigen Arm zu verbinden, doch diesmal dachte ich nicht daran, »spassiba« zu sagen, so sehr zitterte ich. Die Männer mussten mir auf die Beine helfen, allein hätte ich es nicht geschafft.

»Geh bis zur Straße.«

Ich nickte, doch ohne die Hilfe des kleinen Soldaten, der mir die Zigaretten geschenkt hatte, wäre es mir nicht möglich gewesen. Er stützte mich, bis ich mich beim Mannschaftswagen hinsetzen konnte. Dann reichte er mir eine Flasche. Ich dachte, es sei Wasser, aber es war Wodka, also hustete ich nach dem ersten Schluck und erstickte fast.

»Hier. Hier bleiben. Ruhig.«

Ich kauerte mich zusammen und schloss die Augen, immer noch am ganzen Körper zitternd. Der Hund!

Der Hund.

Genau dieselbe Rasse, genau dieselben Augen wie der Hund, der in Birkenau über Marcolino, den Sohn des »Erzfaschisten«, hergefallen war.

18

Obwohl er immer davon sprach, dass er Flieger werden wollte, war Marcolino sehr zart; nicht einmal die Uniform der paramilitärischen faschistischen Jugendorganisation, die er zu seinem zwölften Geburtstag bekommen hatte, konnte von der fast noch kindlichen Anmut seines Gesichts ablenken, das dem seiner Mutter Doda so ähnlich war.

»Gesehen wurden unter anderem die schöne, äußerst elegante Signora Toaf ...« Die ganze Familie war stolz darauf, wenn Doda auf der Gesellschaftsseite der Zeitung erwähnt wurde. Sie war eine Schönheit.

Elmina entdeckte ihren jungen Verwandten unvermutet, als sie seit zwei Monaten in Birkenau war. Er saß auf einem Zementsack, an der Ecke einer jener Hütten, die die Kapos sich bauen ließen, um es sich darin gemütlich zu machen. Sie erkannte ihn sofort wieder, vor allem, da sein Haar lockig nachgewachsen war, wie früher. Er steckte in zu weiter Lagerkleidung, wirkte aber immer noch zart und schön. Allerdings schien er benommen zu sein: Sie musste ihn zweimal rufen, bis er reagierte.

»Marcolino! – Marcolino!«

Endlich hob er den Kopf. Er betrachtete den Trupp junger Frauen, die vorbeizogen, die Hacken geschultert, und erkannte Elmina wieder, obwohl auch ihr Haar geschoren war.

»Seit wann bist du hier? Wo haben sie euch geschnappt?«

Teilnahmslos hob Marcolino einen Finger. Elmina wollte

mehr wissen und rief ihm ihre Fragen zu, doch wagte sie nicht, die Reihe zu verlassen, in der sie ging. Sie drehte sich um, bis Jeannette, die hinter ihr marschierte, flüsterte: »Pass auf! Helga!«, und sie anstieß, damit sie weiterging.

»Wir arbeiten am Deich, vielleicht treffen wir uns dort!«

Marcolino antwortete mit einer matten Bewegung und blieb sitzen, einen seltsam abwesenden Ausdruck im Gesicht, sodass Jeannette ihn für ein wenig beschränkt hielt. Während sie gemeinsam gruben, löcherte sie Elmina mit Fragen. Die jedoch wusste nicht viel zu sagen.

Nach Erlass der Rassengesetze hatte sie den »Erzfaschisten« nur zweimal gesehen. Beim ersten Mal war er wegen der Hahnreibescheinigung unterwegs, beim zweiten Mal war er ganz aufgeregt, weil er einen Antrag gestellt hatte, ihm gnadenhalber manche Rechte zuzuerkennen, die er als Jude verloren hatte, und er meinte, dieser Antrag sei so gut wie bewilligt.

Er hatte ihr von seiner Familie berichtet: Marcolino nahm Privatunterricht. Ornella, die Ärmste, konnte nicht mehr heiraten, aber ihr Verlobter stand zu ihr und versuchte, eine heimliche Trauung zu arrangieren. Die Priester seien mächtig, das sei schließlich bekannt. Natürlich würde sie sich taufen lassen.

Und Doda? Die hatte noch nicht verwunden, was geschehen war. Sie weinte immer nur und ließ es an Nina aus, dem Hausmädchen, das Doda großgezogen hatte und als Familienmitglied behandelt wurde. Um sich nicht in Schwierigkeiten zu bringen, weil sie bei Juden arbeitete, hatte Nina woanders ein Zimmer gemietet und schlüpfte jetzt heimlich durch den Garten ins Haus. Er wüsste wirklich gerne, meinte er, was die Freunde in Rom zu den Schikanen sagten!

Dann hatte Elmina nichts mehr von ihm gehört. Sie dachte, er sei vielleicht in die Schweiz geflohen, wie die Della Setas es auch irgendwann vorhatten. Sie waren reich. Sollten sie alle in Birkenau gelandet sein?

Alle nicht, berichtete Marcolino eines Tages, als die Frauen in der Nähe der Baracke arbeiteten, wo der junge Italiener sich üblicherweise aufhielt.

Ornella hatte in einem Kloster Zuflucht gefunden, aber ihr Verlobter hatte als Soldat nach Afrika gemusst, und seitdem waren sie ohne Nachricht von ihm. Er selber, Marcolino, war gemeinsam mit seiner Mutter festgenommen worden, als sie gerade die Koffer packten, bereit zur Abreise: Nina hatte ein Haus auf dem Land gefunden, wo sie absolut sicher gewesen wären.

»Ein ideales Versteck«, hatte sie gesagt. Ein Loch unter der Treppe, gerade groß genug, dass sich zwei darin lang hinlegen können, und die anderen laufen über ihnen herum. Papa hatte es ausprobiert und gesagt, es ist, als ob man schon tot und begraben wäre, aber sicher sei es. Viel sicherer als das Zimmerchen mit der Tapetentür, in dem deine Tanten sich versteckt haben, hinter dem Schrank. Warum wir nicht früher aufgebrochen sind? Wegen dem Zucker!

Elmina lächelte bitter. So ging es oft: irgendetwas Banales setzte die Maschinerie in Gang, die einen dann umbrachte. Sie war früher als geplant zu einer Verabredung mit Oal gegangen, weil sie sich so darauf freute, ihm die Marmelade zu geben, die sie mit stundenlangem Schlangestehen ergattert hatte, und sofort waren die Polizisten aufgetaucht. Bis zum Verhör hatte sie schon viel Marmelade gegessen; sie wusste ohnehin, was ihr jetzt blühte.

»Mama hatte gefälschte Lebensmittelkarten«, erzählte Marcolino, »und sagte zu mir: ›Es gibt Zucker, lauf schnell hin, ich mache solange die Koffer zu, es wäre doch schade, wenn wir keinen abkriegen.‹ Als ich zurückkam, war die Haustür nur angelehnt, aber ich habe nicht darauf geachtet. Drinnen standen zwei Männer, und einer fragte mich gleich, ob ich der Sohn bin.«

Aus dem Nebenzimmer hatte seine Mutter geschrien: »Lasst ihn gehen, lasst wenigstens ihn gehen! Was wollt ihr mit einem

Kind?« Der eine Polizist habe ihn dann am Arm hineingeführt; seine Mutter weinte verzweifelt und klammerte sich an einen Mann im Regenmantel, der meinte, sie solle sich beruhigen. Sie transportierten sie beide ab, aber erst halfen sie, die Koffer zuzumachen. In der Aufregung brach Doda sich einen Absatz ab und musste humpelnd fortgehen.

Die gute Doda: Sie hatte immer so gern Schuhe mit hohen Absätzen getragen. Elmina stellte sich vor, wie sie schön und entsetzt im Büro des Gefängnisses saß, inmitten des faden Geruchs von Wandfarbe und Aktenstaub, während gelangweilte Beamte ihre Personalien aufnahmen und dic Fingerabdrücke festhielten. Dann kam die Wärterin mit dem Schlüsselbund: »Mitkommen!«

»Habt ihr euch wiedergesehen?«

Nein, sie hatten einander nicht wiedergesehen. Nach ein paar Tagen hatte der Gefängnispriester ihm gesagt, sie sei fast sofort ins Krankenhaus gekommen, ohnmächtig vor Fieber. Mehr hatte er nicht erfahren können, da die Carabinieri ihn ins Lager von Fossoli gebracht hatten, und das stand unter deutschem Kommando.

»Auf der Reise sind sie nett zu mir gewesen; ich habe einen Brief geschrieben, und sie haben versprochen, ihn ihr direkt ins Krankenhaus zu schicken. Aber dann habe ich die ganzen zwei Monate in Fossoli nichts von ihr gehört. Wer weiß, ob sie den Brief überhaupt abgeschickt haben ...«

Da hoffte Elmina von ganzem Herzen, dass die liebe, schöne Doda gleich diesem Fieber erlegen war und nicht das grauenvolle Leben und Sterben im Lager kennen zu lernen brauchte. Marcolino war aber optimistisch.

»Vielleicht ist sie ja hier. Irgendwann kommt sie sicher vorbei.«

Natürlich musste er Elmina all das auf mehrere Begegnungen verteilt berichten, immer auf der Hut vor »Roten Armbinden«

und Soldaten. Elmina staunte, dass Marcolino immer hier zu finden war, in aller Ruhe vor der Baracke. Hatte er denn keine Angst vor dem Albino?

Dieser Albino war ein SS-Mann, der bisweilen mit seinem Wolfshund vorbeikam. Er war als besonders grausam bekannt, und wenn er auftauchte, begannen alle fieberhaft zu arbeiten.

Marcolino erklärte, sein Kapo sei kein Politischer. Draußen hätte er als Schmuggler gelebt, und auch im Lager hatte er sich gut eingerichtet. Er hieß Druzinsky, und bevor er die rote Armbinde bekam, die ihn als Kapo kenntlich machte, hatte er beim Gepäcksortieren gearbeitet. Er roch förmlich alles Wertvolle, Gold, Geld, Brillanten, die die verzweifelten Leute in Spalten und im Futter verborgen hatten, worüber die Kenner der Materie natürlich bloß lachten.

»Helga, unsere Kapo, lässt uns schuften. Aber dein Druzinsky schont dich. Liegt das daran, dass du singen kannst?«

Marcolino hatte eine schöne Stimme, und wer »Mamma« und »O sole mio« singen konnte, dem konnte das im Lager sehr nützlich sein. Doda hatte ihn gezwungen, Musikunterricht zu nehmen – trug das jetzt späte Früchte?

Marcolino antwortete nicht sofort. Mit hängendem Kopf saß er da, in einer Haltung, die sowohl nachdenklich als auch vollkommen selbstvergessen wirken konnte. Die Junisonne hatte sein Gesicht gebräunt und sein Haar heller werden lassen.

»Der Kapo mag mich eben gern.«

Ganz leise sagte er das, und dazu wurde er rot. Er blickte auf und sah Elmina an, die in seinen Augen kurz das Geheimnis erkannte, das ihm auf den Lippen lag. Aber nur einen Moment lang. Gleich schien er wieder entschlossen, nichts zu verraten. Er blickte zu Boden, und nur seine roten Wangen und dass er im Fortgehen so leise »Ciao« sagte, bestätigten Elmina in ihrer Ahnung.

An den folgenden Tagen war sein Verhalten wie ausgewechselt. Wenn die Frauen vorbeikamen, schien Marcolino stets intensiv mit dem Abwasch beschäftigt oder damit, in der Baracke aufzuräumen. Elmina bemerkte es ebenso wie Jeannette: Der Junge vermied es, sie zu grüßen.

»Sein Kapo soll wohl nicht bemerken, dass er dich kennt. Sonst fragt er ihn vielleicht noch, wer du bist, und dann gibt es Gerede mit Helga. Die Kapos sind doch ein Herz und eine Seele!«, kommentierte Jeannette klug die Situation.

Elmina war trotzdem traurig, vor allem abends, denn dann hatte sie Zeit, an Marcolino zu denken. Das Lager war überfüllt, und jede Nacht gab es Selektionen, um Platz zu schaffen. Wenn sie von der Arbeit kamen, hatten die Gruppen gerade noch Zeit, Brot und das lauwarme, gefärbte Wasser entgegenzunehmen, das hier »Tee« genannt wurde, bevor die *strenge Blocksperre* ausgerufen wurde. Die Baracken waren bis zum Wecken geschlossen, und es herrschte striktes Verbot, sie zu verlassen. Bis zur Dunkelheit aßen die Frauen ihr Brot oder suchten in der Baracke nach Gefährtinnen, die sie aus den Augen verloren hatten. Die gesellige Jeannette machte Besuche, während Elmina sich auf das Strohlager legte und die Augen schloss. Vor sich sah sie Marcolino in seinem schönen Heim. Jahrelang hatte Doda ihn nach dem Vorbild des »Kleinen Lords« herausgeputzt, mit blauem Samtanzug, das Haar lang bis auf den Spitzenkragen.

»Bist du ein Junge oder ein Mädchen?«, fragten ihn die Leute immer wieder und streichelten ihm über die Locken.

»Ich bin ein Mann!«, entgegnete er dann beleidigt.

Elmina wunderte sich einmal mehr über die eigenartigen Fügungen, die es geben konnte. Sein Äußeres, das ihm so oft lästig gewesen war, rettete Marcolino jetzt vor den schlimmsten Folgen des Lagerdaseins. Wie lange würde das noch gehen?

Der Schutz, in dem die Kapos lebten, war oft genug nur zu vergänglich.

Meist wurden Elminas Gedankengänge von Jeannettes geräuschvoller Rückkehr unterbrochen, die Platz forderte und ihre übliche Predigt anstimmte.

»Du musst dem Jungen sagen, dass er uns etwas unter einen Stein legen soll, vor der Baracke, wo wir jetzt immer die Suppe essen. Der wird doch bei seinem Druzinsky etwas abzweigen können! Oder hat er zu viel Angst? Das kann nicht sein. Wenn du nicht mit ihm darüber sprichst, dann tue ich es. Seid ihr denn in dieser Familie alle beschränkt? Der Mann von meiner Freundin Renée arbeitet am Krematorium, von dem bekommt sie Brot und Margarine. Und sogar Wurst! Versuch es wenigstens! Wenn ihr eine gute Stelle findet und wir den Moment abpassen, dann merkt weder Helga noch der Druzinsky etwas!«

In der Tat, weder sie noch er bemerkten etwas, sondern der Albino. Unvermittelt tauchte er auf, in der stillen Zeit nach dem Austeilen der Mittagssuppe. Er ging schnurstracks mit seinem Hund auf die Baracke zu und trat mit zwei Tritten die von innen verschlossene Tür ein.

Elmina und die anderen Frauen aßen im schmalen Schatten eines Mäuerchens auf der Straßenseite gegenüber. Sie hielten inne, als plötzlich Schmerzensrufe laut wurden, dazu Wutgebrüll und geiferndes Gebell. Sie sahen einander an, die Löffel umklammernd; dann schauten sie zur Baracke. Marcolino kam herausgerannt, geblendet von dem Blut, das ihm übers Gesicht rann, aber mehr noch von schwarzer Angst. Draußen stolperte er sofort und fiel hin. Mit zwei Sätzen war der Hund über ihm.

»Was ist da los? Sofort an die Arbeit! Schnell!«

Helga kam herbeigelaufen und fuchtelte mit dem Stock. Die Frauen sprangen auf, rempelten aneinander, flohen vor den Stockhieben und vor dem Anblick, der sich ihnen bot; so schrecklich war er, dass sie Näpfe und Löffel liegen ließen. Der große rotbraune Hund schnappte und biss und riss mit blutigem Maul.

Marcolino, den Sohn des »Erzfaschisten«, sah Elmina nie wieder.

19

Wer sich dieses große Landhaus gebaut hatte, der wollte offenbar etwas darstellen. Sogar an ein Türmchen hatte er gedacht.

Eine schmale Holzleiter führte dort hinauf, aus einem viereckigen Raum, in dem Getreidesäcke gelagert wurden. Auf diesen Säcken lag ich seit Stunden und schaute jetzt ins diffuse Licht der Dämmerung, das durch die Luken hereinfiel. Hin und wieder befühlte ich meinen Arm, der mir verbunden worden war, bevor man mich hierher gebracht hatte. Da es mir allmählich besser ging, begann ich auf die Stimmen und Geräusche aufmerksam zu werden, die von unten zu hören waren.

Im Haus schien ein Kommando oder etwas Ähnliches Quartier bezogen zu haben. Auf meinem Weg durch die Küche hatte ich ein großes Hin und Her von Soldaten bemerkt; Frauen spülten große Töpfe und legten Holz in den Öfen nach. Sie waren noch jung, stämmige Ukrainerinnen und blassgesichtige Polinnen; sie hatten mich neugierig gemustert und den Soldaten, der mich führte, nach mir ausgefragt. Ich hatte ein Glas Wasser getrunken, dann war ich hinaufgegangen.

Aber jetzt war Abend, und ich war hungrig; offenbar hatten die da unten mich vergessen. Also stand ich auf und tastete mich die Treppe hinunter. In der Küche kletterte gerade ein jungenhafter Soldat mit funkelnden Herzensbrecheraugen aus der Kellerluke, fröhlich zwei Flaschen schwenkend, den Gürtel eng um die Hüfte geschnallt. In der Mitte des Raumes, am Ende eines langen Tisches, saßen schwatzend drei Frauen und schälten Kartoffeln, die sie dann in einen Eimer warfen. Eine rotwangige Blonde, sie sah Genovefa ähnlich, stand daneben und schlug kraftvoll Eier in einer Suppenschüssel.

Ich hielt inne, unsicher, wie ich mich verhalten sollte, sie sahen mich mit ausdruckslosen Gesichtern an, aber ohne in ihren Beschäftigungen innezuhalten. Das Soldätchen mit dem Gürtel sagte im Hinausgehen lächelnd etwas, die Blonde lachte kopfschüttelnd. Dann stand eine der Frauen auf und ging zum Herd. Wortlos nahm sie den Deckel von einem Topf, schöpfte Suppe in eine Schale und wies zum Tisch. Ich setzte mich und löffelte gierig die heiße, fette Suppe. Bald spürte ich, wie ich vor Behagen rote Wangen bekam.

»Bist du verheiratet?«, erkundigte sich irgendwann die Frau. »Hast du Kinder?«

Eine andere fragte, aus welchem Lager ich käme. Während wir uns in gebrochenem Deutsch unterhielten, trat ein Soldat ein, nahm einen Stuhl und begann etwas zu erzählen, ohne von meiner Gegenwart Notiz zu nehmen. Die Frauen wandten sich ihm zu und beachteten mich nicht weiter. Ich fühlte mich ausgeschlossen und wäre am liebsten auf den Kornboden zurückgekehrt, doch der Wunsch nach einem weiteren Teller Suppe ließ mich warten. Um nicht ganz untätig zu sein, griff ich nach einem Spiel Karten, das da auf dem Tisch lag, mischte sie und begann sie zu legen, je zu dritt in Doppelreihe.

»Für mich … für meine Wohnung … für draußen … wer liebt mich, wer verrät mich, wer tröstet mich. Und das, was ich nicht erwarte.«

Mich leitete die Stimme von Agata, der Wahrsagerin, deren Kundin ich zuerst gewesen war, dann ihre Schülerin und Vertreterin. Eine tiefe und schmeichelnde Stimme, der kein Unglück, keine Sorge fremd war.

»Für mich …« Für mich war da Pik: Schwierigkeiten. Da jedoch der Herz-König folgte, durfte ich auf Besserung hoffen. In meiner Konzentration fiel mir nicht auf, dass alle Blicke auf mir ruhten.

»He, du!«

Sie rückten neben mich, auf einmal fasziniert und eifrig.

»He, du!«

Jetzt sollte ich auch ihnen die Karten legen, sie wollten erfahren, was ihnen bevorstand. Auch der Soldat stand auf und stellte sich schweigend hinter mich.

Wieder bewies die Frau, die mir die Suppe gegeben hatte – die anderen nannten sie Marika –, praktischen Sinn. Sie füllte das Schüsselchen erneut und schob es mir hin, doch bevor ich essen konnte, nahm sie die Karten und mischte sie durch. Ich begriff, dass ich mir das Essen verdienen sollte, hob dreimal den Kartenstock ab, legte dann ihre Hand darauf und sagte, sie solle daran denken.

»Woran?«

»An das, was dir am meisten am Herzen liegt.«

Es war nicht schwer, sich vorzustellen, was eine Polin wissen wollte, die es nach Deutschland verschlagen hatte. Ich sah ihr ins Gesicht, um meine Vorhersagen durch die kleinen Zeichen leiten zu lassen, die sie zu erkennen gab, und erläuterte Schwierigkeiten ebenso wie Hoffnungen. Ihre blassen Wangen bekamen Farbe, als sie hörte, welche guten Vorzeichen ich aus den speckigen Karten las.

»Jetzt ich!«

Die Blonde drängelte sich vor den Soldaten, der protestierte. Auch er wollte seinen Teil an Hoffnung abkriegen.

So musste ich die Runde machen, während meine Suppe kalt wurde. Am Ende war ich todmüde. Als weitere Soldaten lärmend hereinkamen, erschrak ich. Sie wollten mich doch nicht die ganze Nacht damit wachhalten?

Nein, zum Glück nicht. Der Junge, den ich als Ersten gesehen hatte, als er aus dem Keller kam, gab mit lauter Stimme etwas zum Besten, das große Heiterkeit hervorrief, und alle gingen.

Da aß ich meine kalte Suppe, ging wieder hinauf und legte mich hin, erschöpft, aber zufrieden. Wie hatte Agata immer gesagt?

»Es ist eine anstrengende Arbeit, aber sie bringt Erfüllung.«

Sie hatte Recht. Ich sah sie vor mir: Einst war sie eine schöne

Frau gewesen; jetzt sah man an ihren wieder und wieder gefärbten Haaren stets die grauen Wurzeln, ihr großer Körper war etwas zu blass und etwas zu mollig. Für einige Lire pro Sitzung verkaufte sie Lebensmut, Hoffnungen und Vertrauen, und alle ihre Kunden waren ihr so dankbar.

20

Rein zufällig hatte sie das Schild erblickt.

In jener altertümlichen, gewundenen Straße nahe dem Hafen stand der schlichte Hinweis zu lesen: »Agata, Wahrsagerin«. Elmina hatte sofort den Wunsch hinaufzugehen.

Damals war Oal verlegt worden, und sie erhielt kaum Nachrichten von ihm. Die Stadt wurde bombardiert. Der Unterricht, den sie auf Vermittlung von Oals Bruder Vincenzo gab, musste immer wieder ausfallen, oder die Schüler waren ganz fort: Wer es irgend konnte, zog sich aufs Land zurück. Elmina musste sich Woche um Woche, manchmal Tag um Tag mit kleinen Aufträgen durchschlagen. Dennoch gibt es Tage, an denen schmerzt der Kummer der Seele noch mehr als die Hungerkrämpfe. Sie zögerte keinen Augenblick und begann, die schwarzen, in der Mitte abgetretenen Schieferstufen hinaufzusteigen. Die Treppe war großzügig zugeschnitten, so wie das ganze Haus trotz der Vernachlässigung und seiner grauen Fassade ganz offensichtlich bessere Tage gesehen hatte.

Im ersten und zweiten Stock befanden sich Seehandelsbüros. Sie stieg weiter. Im vierten sah sie endlich das Schild der Wahrsagerin wieder.

Sie klingelte – keine Antwort. Sie klingelte erneut und wollte nach einigem Warten schon wieder gehen, als sie Schritte hörte und in der Tür eine Ehrfurcht gebietende Gestalt erschien, in einen weiten, flaschengrünen Umhang gehüllt, das rötliche Haar zu einer hohen, üppigen Turmfrisur aufgesteckt.

»Warten Sie hier.« Die Frau geleitete Elmina in einen geräumigen Vorraum, dem Wartezimmer eines Zahnarztes nicht unähnlich. »Warten Sie.«

Sie verschwand hinter einem schweren Türvorhang, und Elmina setzte sich in eines der schwarzen, geschwungenen Renaissance-Sesselchen. Reichlich Zeit verging, in tiefer Stille. Sie fing an, sich zu langweilen, stand auf, schaute durch ein staubiges Fenster in den Hinterhof und ging dann auf und ab, um sich zu wärmen. Von den schwarz-weißen Marmorplatten des Bodens stieg ein eisiger Hauch auf.

Endlich wurde der Vorhang zurückgeschlagen, Stimmen waren zu hören, die grüne Matrone erschien, gefolgt von einem knochigen Männlein, das sie angstvoll befragte.

»Ist es dann nicht besser, wenn ich doch nächste Woche abwarte? Was meinen Sie?«

Ganz offensichtlich wollte er, dass sie ihm seine Zweifel nochmals ausredete, für Agata jedoch war die Sitzung beendet. Sie öffnete die Tür, und der Zweifler war gezwungen zu gehen.

»Kommen Sie.« Die Wahrsagerin führte Elmina in ein Zimmer voller Papiere und setzte sich an einen Tisch mit einer Gobelin-Decke, wie sie früher in Speisezimmern verwendet wurden. »Nehmen Sie Platz.«

So hatte ihre Bekanntschaft begonnen. In jener Zeit, in der es wenig Drogen gab und keine jungen Menschen, die alles tun, um sie sich zu verschaffen, nahm Elmina große Entbehrungen auf sich, um sich die Droge Agata erlauben zu können, um diese Hände beim Mischen der Karten zu beobachten, sich dem Blick der seltsamen grauen Augen auszusetzen, sich innerlich auf die Schwierigkeiten vorzubereiten, die das Pik Ass ihr ankündigte, oder auf die Freude, die die Union von Herz und Schelle vorhersagte.

»Wollen Sie das große Spiel?«

Ja, Elmina wollte das große Spiel. War ein Brief unterwegs? Würde Oal bald zurückkommen? Mit der Zeit entstand zwischen der Wahrsagerin und ihr ein Vertrauensverhältnis, und das Ritual der Karten wurde weniger wichtig. Elmina ging es wie einem alten, impotenten Lüstling, der dem bezahlten Hürchen gegenüber weder Peinlichkeit noch Scham empfindet: Sie schilderte ihre Sorgen und Probleme ohne die stolze Zurückhaltung, die sie ihren ehemaligen Bürokolleginnen gegenüber wahrte, vor der Zimmerwirtin oder einem der gelegentlichen Arbeitgeber wie der Portiersfrau, für die sie Strümpfe stopfte, oder dem Schneider Romildi, für den sie in den Büros für die Registrierung von Kriegsschäden Schlange stand. Agata vermittelte ihr nie den Eindruck einer, die sich vor dem Leid anderer hütet, aus Angst, selber mit hineinverwickelt zu werden. Bei Agata fühlte sie sich wohl.

Das ging so, bis auch Agata vertraulich wurde und ihre Sorgen vor Elmina ausbreitete. Sie hatte einst als Opernsängerin begonnen. Doch weil sie allzu anständig gewesen sei – so sagte sie –, hatte sie nicht Karriere machen können und angewidert aufgegeben. Sie hatte einen Neffen, dem sie wie eine Mutter war, doch der verlangte immer nur Geld und wollte nicht lernen. Schwester und Schwager lebten auf dem Land, nahmen ihre Hilfe an, verlangten sie geradezu, schämten sich aber der Kartenlegerei und zwangen sie dazu, bei den Besuchen im Heimatdorf ihren Beruf zu verschweigen.

Die Tarotkarten in der Hand, schüttelte Agata ihren graublondroten Schopf und überschüttete Elmina mit ihren Sorgen, bis diese genug hatte und »Fangen wir an« sagte. Wütend dachte sie, eigentlich müsste Agata für die Sitzung zahlen und nicht umgekehrt.

Eines Tages teilte ihre Zimmerwirtin Elmina mit, eine gewisse Signora Agata habe angerufen und verlange sie dringend zu sehen.

»Ist das eine Freundin von Ihnen?«

Die Carlini war eine gutmütige Frau, aber neugierig wie eine Elster; sie wollte möglichst alles über ihre Mieterinnen wissen.

»Ich habe Fieber und kann nicht arbeiten.« Agata nieste. »Wollen Sie mich vertreten, bis ich wieder gesund bin?«

Elmina staunte. War nicht, um die Karten zu legen, ein gewisses Fluidum unerlässlich? Man musste sich doch gut mit den vielen Tarotkarten auskennen, die Symbole zu interpretieren wissen …

Agata erklärte, alles, was man zu sagen habe, stehe klar und deutlich im Gesicht der Kunden zu lesen. Ihre Lippenbewegungen müsse man interpretieren, ihre Hände, ja ihre Füße. Die Kunst bestand in der Beobachtung, darin, Sehnsüchte und Ängste wahrzunehmen, ohne dass der andere es bemerkte. Nur keine Sorge, sie würde das schon schaffen!

Sie stellte Elmina frei, ob sie ein tägliches Fixum oder prozentual an den Einnahmen beteiligt werden wollte. Elmina entschied sich für den Tagessatz, und daran tat sie schlecht.

Während Agatas Krankheit zeigten sich die Kunden nämlich höchst zufrieden mit der Vertreterin, und ihr Ruf hätte sich gefestigt und Blüte erlangt, wenn die Genesung der Wahrsagerin diese Entwicklung nicht beendet hätte. Widerwillig musste Elmina ihr den roten Schal und das Zubehör zum Schminken der Augen wiedergeben – Agata hatte gemeint: »Ein bisschen Theater gehört dazu.« Aber es war eben doch nicht nur Theater.

Während sie die Karten legte und sich prüfend darüber beugte, hatte Elmina ein Hochgefühl verspürt, den Stolz darauf, die Zeichen des Schicksals zu deuten. Sie verfügte über eine priesterliche Ader, über missionarische Begabung. Die Sitzungen fielen daher immer sehr lang aus, worüber Agata sich bitter beklagte: »Sie verwöhnen mir die Kundschaft aber zu sehr!«

So verlor sie Elmina als Vertreterin, aber auch als Kundin: Ihre müden Augen hatten keine Wirkung mehr auf Elmina. Die begann, sich jeden Freitagabend die Karten selber zu legen, an dem Tag, der laut Agata dafür besonders günstig war.

Dann musste sie es häufiger tun und nicht nur für sich. Ihre Zimmerwirtin und zwei ihrer Mitbewohnerinnen hatten es bemerkt und bestanden geradezu darauf, dass Elmina sich auch ihrer Probleme annahm.

Zwar zahlten sie dafür nichts, aber sie schöpften Hoffnung, und davon hatte auch Elmina etwas.

21

Von den Aufregungen des Tages, dazu dem anstrengenden Kartenlegen bekam ich Fieber. So verdämmerte ich den nächsten Tag; das graue Morgenlicht wurde heller und fröhlicher, die Sonne zog ihren Kreis, bis das Licht abends sanfter wurde und in die Nacht hinüberging. Irgendwann bekam ich Durst. Das Fieber hatte mich ausgetrocknet und meine Lippen mit Pusteln besät; ich musste unbedingt trinken. Erschöpft ging ich hinunter, trank und wusch mir das Gesicht, unbeobachtet, denn in der Küche war sonst niemand. Das freute mich, denn sonst hätte ich fürchten müssen, dass ich ihnen wieder die Karten legen sollte.

Eben wollte ich wieder hochgehen, als Marika eintrat, die mir am Vortag die Suppe gegeben hatte.

»Oh«, meinte sie, »bist du noch hier?«

Ich deutete auf meine geschwollenen Lippen, was sie so verstand, dass ich um Essen bat. Unwillig nahm sie ein paar Kartoffeln aus einem Topf und hielt sie mir hin. Dann griff sie einen Eimer und ging hinaus, ohne mich eines weiteren Blickes zu würdigen.

Hier wollte ich nicht mehr bleiben, so entschied ich in meinem Türmchen, wo ich am Fenster stand und die Kartoffeln aß. Die frische Luft tat mir wohl; ich beschloss, auf jeden Fall aufzubrechen, auch mit Fieber. Es war dunkel, die Landschaft konnte ich nicht erkennen, doch spürte ich um das Haus herum eine festlich-angeregte Stimmung.

Auf einmal begannen eine Ziehharmonika und ein Klavier zu spielen, so fröhlich, als wollten sie miteinander wetteifern. Die Musik war voller Freude, und zahlreiche Stimmen fielen ein.

Vor dem Türmchen erstreckte sich noch ein Flügel des Gebäudes, dessen sämtliche Fenster beleuchtet waren und weit offen standen. Drinnen, so sah ich, wurde wirbelnd getanzt.

Es waren fast nur Männer, und da tanzten sie eben miteinander. Aber auch die Frauen waren da. Rasch zog die spröde Marika vorbei, dann die Blonde und andere mehr. Wie wild machten die Tänzer sie sich gegenseitig streitig.

Neidisch und wehmütig verfolgte ich das Fest. Ich hatte so wenig tanzen dürfen! Gerade trat die Blonde ans Fenster und wedelte mit ihrem Hemd, als wäre ihr sehr heiß. Sie lehnte sich ans Fensterbrett, ihr Mittänzer beugte sich vor und flüsterte ihr etwas ins Ohr, worüber sie klangvoll lachte.

Sie konnten mich nicht sehen, doch die Vorstellung, wie ich hier einem traurigen Nachtvogel gleich stand und zuschaute, wirkte so deprimierend, dass ich mich schnell zu meinen Säcken zurückzog.

Auch Oal tanzte so gern, doch im Krieg waren Bälle verboten worden. Die Jugend durfte sterben, mehr nicht.

»Wir holen's nach«, sagte ich mir, um mich zu trösten. Beim Einschlafen dachte ich daran, wie ich den ersten Tanz gelernt hatte, den Walzer mit Fiore, einen Tanz für Lehrerin und Tanzherrn. Eins zwei drei, eins zwei drei ... doch statt des Walzers erschien mir im Traum eine Brücke.

Sie bestand aus unzähligen Bögen hoch über einem breiten Fluss und schien im Nebeldunst kein Ende zu haben. Ich kam an, in dem langen Samtkleid, meinem ersten und einzigen Abendkleid, das ich an meinem ersten und einzigen Ballabend getragen hatte, doch mein linker Arm war ungeheuer dick verbunden, und ich konnte nicht in den Ärmel schlüpfen, sodass der auf dem Boden schleifte, staubig wurde und zerriss. Ich wusste, die Brücke müsste hier irgendwo sein, doch ich konnte sie noch nicht sehen. Ängstlich eilte ich dahin, getrieben von einer ohrenbetäubenden Musik, die mich regelrecht erschütterte. Dann sah ich die Brücke am Ende einer engen, zu beiden Seiten von sehr hohen Häusern mit überkragenden Dächern begrenzten Straße. Schließlich war ich dort.

Eben wollte ich in meinem Traum »Endlich!«, sagen, als in der himmelfernen, dunstigen Weite – ähnlich, wie man es von Gipfeln aus über Gebirgstälern sieht – anstelle des Flusses eine immense Ebene erschien, gesprenkelt von Dörfern; die Musik, die mich bis jetzt gequält hatte, ertönte nun von dort. Sanft war sie, ein schwaches Echo im Wind.

Ich sah mich um. Die Brücke hing wie ein schmaler Steg über dieser fernen Landschaft. Ich spürte nicht mehr das unbequeme Kleid, es war zu einem großen, in der Brise flatternden Umhängetuch verwandelt. Ich hatte wieder lange Haare und spürte, wie sie in der bewegten Luft wehten.

Als ich aufwachte, lag ich noch geraume Zeit da und dachte über die Bedeutung dieses Traums nach, doch die Sonne und das angenehme Gefühl, genesen zu sein, ließen mich das bald vergessen. Immerhin war ich im Traum zur Brücke von Schwerin gelangt!

Ich zog den Verband an meinem Arm zurecht. Er war mittlerweile ganz schmutzig und verklebt, doch hatte ich alle hygienischen Bedenken im Lager verlernt und würde sie nicht so schnell wieder aufnehmen.

In einer Ecke hatte ich einen Stab gesehen. Den nahm ich jetzt, dazu meine Tasche, und brach auf. In der Küche spülte eine blonde Frau Gläser. Sie hob den Kopf.

»Nach Schwerin?«

»Ja, ja, nach Schwerin!«, antwortete ich stolz.

Sie lächelte mir freundlich zu, schenkte mir einen Kanten Brot und ein Stück Speck. Dann dachte sie nach und fügte noch Kartoffeln hinzu.

»Nach Hause, nach Hause!« Sie schlug mir auf die Schulter.

Ich dankte, und ohne mich lange zu erkundigen, ob diese sagenhafte Brücke nun nah oder fern sei, ging ich munter los. Wälder, die mir Angst hätten machen können, waren keine mehr da, nur kleine Baumgruppen und Gebüsche verteilten sich anmutig auf den Feldern. Mein Schritt wurde bald langsamer, und mir fiel noch einmal mein Traum ein. Warum träumte ich eigentlich nie von Oal? Dabei hatte ich im letzten Winter, in Malchow, im Traum sogar die Veilchen riechen können, die er mir eines Abends geschenkt hatte. Vielleicht weil dieser Abend der einzige seiner Art war, sodass wir ihn regelrecht den »Abend mit den Veilchen« getauft hatten, so wie wir sagten: »Die Nacht in der Einkaufspassage« oder »Die Tagliatelle, die Giorgio immer gemacht hat«.

Instinktiv schaute ich ins Gras. Aber es war Mai, auch hier im Norden war die Veilchenzeit vorüber, allenfalls schrumpelige Blüten ohne Duft wären noch zu finden gewesen.

Wie schön waren dagegen diejenigen, die Oal mir geschenkt hatte, an jenem Abend im Februar, an einer Ecke der Piazza De Ferrari in Genua!

22

»Treffen wir uns bei der Blumenhändlerin? Zur selben Zeit wie immer?«

Oal meinte aber, Elmina müsste sich wahrscheinlich gedulden. Er konnte den Major seines Kommandos nicht einfach stehen lassen, nur weil sie ungern auf der Straße auf ihn wartete, als wäre sie die Lili Marleen des beliebten Schlagers. Ihr fester Treffpunkt war eine Ecke, an der eine Blumenhändlerin tapfer ihre Körbe aufbaute, sogar in dem Bombenwinter.

Es war ein rauer Februar, und ganz Genua wirkte aschfahl, Menschen wie Dinge. Nur aus diesen Körben lachten frische Farben. Jedes Mal, wenn sie auf Oal wartete, freute Elmina sich an den Blumen. An jenem Abend waren darunter auch Veilchen. Erlauben konnte sie sich keine, aber sie mochte sie so gern, dass Oal es bemerkte.

»Jetzt starr sie nicht so sehnsüchtig an! Nimm dir, so viele du willst!«

Die Alte, die mit den Stricknadeln klappernd auf ihrem Stühlchen danebensaß, stand eilfertig auf und stellte einen dicken Strauß zusammen.

»Aber dass mir daraus keine Gewohnheit wird! Blumen schenken! So weit hast du mich gebracht!«

Wie immer kamen sie auf dem Heimweg vor der Passage vorbei, wo sie sich kennen gelernt hatten. Jedes Mal achtete Elmina darauf, dass sie auf derselben Seite des Bürgersteigs ging. Heute Abend neckte er sie.

»Warum legst du hier nicht die Veilchen nieder? ›Hier begegneten einander …‹ Und wie wäre es mit einer Gedenkplakette?«

Auf dem Bürgersteig der Passage hatten sie einander kennen gelernt, in einer jener Nächte, in denen die Bomber in mehreren Wellen nacheinander geflogen kamen. Die Leute trauten sich nicht, nach Hause zu gehen. Wer morgens zur Arbeit musste, machte sich mit Koffern, Taschen und Decken ein Nachtlager zurecht. Elminas Chef verlangte absolute Pünktlichkeit, Bomben hin oder her, so hatte auch sie einen Platz gesucht, wo sie die Bordsteinkante als Kopfkissen benutzen konnte.

Sie stellte ihre Tasche neben sich, kauerte sich zusammen und versuchte einzuschlafen. Und dann hatte sie ein Stiefel getreten, der sich zwischen den Schlafenden einen Weg suchte.

»Also wirklich …« Erbost hob sie den Kopf und sah von unten her eine Gestalt in Feldgrau.

»Das ist aber nicht der richtige Platz für Dornröschen!«

Halb verärgert, halb belustigt schaute sie ihn an und strich sich die Haare zurecht. Sie unterhielten sich ein wenig, bis er sagte, sie solle doch am nächsten Tag mit ihm Essen gehen. Er nannte die Zeit und den Ort, eine Adresse in Nervi, einem Vorort Genuas am Meer.

Elmina wunderte sich. Was machte ein Gebirgsjäger hier an der Küste?

»Ich mache immer das Gegenteil von dem, was ich tun sollte!«, lachte er.

Er musste wenig über dreißig sein, hübsch war er nicht. Er hatte ein aggressives Gesicht, aus Mund und Augen sprachen Entschiedenheit und fröhliche Ironie. Sein Halstuch war zerknittert, die Uniform alles andere als tadellos; er war nicht ihr Typ. Aber irgendwie gefiel er ihr dennoch.

»Wenn ich nicht pünktlich sein kann, tut es mir Leid. Seien Sie froh, dass Sie keinen Major im Kreuz haben!«

Vielleicht war Dottor Diviti, der Chef der Schreibkraft Elmina, mehr zu fürchten als dieser Major, aber sie versprach, pünktlich zu sein. Nach Nervi musste sie quer durch die Stadt, daher erstaunte sie am nächsten Tag ihre Kolleginnen, indem sie hinausrannte, kaum dass der Uhrzeiger auf die Zwölf gerückt war. Sie, die immer Angst hatte, entlassen zu werden, kam sonst stets als Erste und ging als Letzte.

Da Diviti, ein großer, dicker Choleriker, in vielerlei Hinsicht Armando ähnlich, gerade eine Sekretärin ausschalt, bemerkte er nichts.

»Wetten, sie hat eine Eroberung gemacht?«

Die jungen Frauen deckten schwarzes Wachstuch über ihre Schreibmaschinen und waren alle einer Meinung.

»Wenn sie zurückkommt, muss sie mir alles erzählen«, versprach eine, die mit Elmina befreundet war. Sie hieß Leandra, doch wenn Dottor Diviti – was selten vorkam – einmal ungetrübter Laune war, nannte er sie auf Genueser Dialekt »die schönsten Hüften des Büros«. Nach diesen Hüften grabbelte der Dottore gern und häufig.

Nachmittags kam Elmina nicht ins Büro zurück; sie rief an und teilte mit, sie fühle sich nicht wohl, habe sich am Kaffee-Ersatz den Magen verdorben.

»Ach was, schmutzige Geschichten hat die!« Die jungen Frauen beugten sich über ihre Schreibmaschinen, denn obwohl sie nichts damit zu tun hatten, gingen ihnen die Schreie des Chefs durch Mark und Bein.

Es ist schwer, untergeordnet zu sein.

»Ich schufte hier, damit der Laden läuft, aber den Damen sind ihre Sauereien offenbar wichtiger! Und so was hat die Stirn, eine Gehaltserhöhung zu verlangen!«

Elmina hatte das überhaupt nicht, aber er nutzte die Gelegenheit. »Von wegen mehr Geld! Wer hier nicht zufrieden ist, bitte, da ist die Tür!«

Wegen dieses Auftritts empfingen die Kolleginnen Elmina am nächsten Tag mit eisigem Schweigen. Zur Rache für die Erniedrigungen stellte Leandra keinerlei Fragen, denn sie wusste ganz genau, dass Elmina darauf brannte, ihr alles zu erzählen.

Elmina musste Rundschreiben kopieren. Denselben Brief tippte sie fünfzig-, hundertmal ab, bis ihre Finger es von allein beherrschten und ihre Gedanken frei schweifen konnten, eine gefährliche Gewohnheit, die dann auch eines Tages dafür sorgte, dass sie wegen eines gewaltigen Fehlers entlassen wurde.

An jenem Morgen tröstete sie sich über die langen Gesichter ihrer Kolleginnen hinweg, indem sie an das Restaurant am Meer dachte, wo sie mit dem Gebirgsjäger gegessen hatte, an seine Schwester, die sie kennen gelernt hatte, an all ihre Gespräche. Er hieß Alberico und war neugierig.

»Wie kommt es, dass Sie hier sind? Die anderen fliehen, Sie ziehen her. Haben Sie Familie in Genua oder Freunde?«

Nein, sie hatte niemanden. Als ihre Dienstherrschaft in Florenz beschlossen hatte, in die Schweiz zu emigrieren, hatte ein Freund der Familie freundlicherweise ein paar Empfehlungsbriefe geschrieben, die sie Leuten vorlegen sollte, mit denen er in Geschäftsbeziehungen stand. Beim letzten davon hatte sie Erfolg gehabt: Dottor Diviti hatte sie zur Probe angestellt.

»Warum heiraten Sie ihn nicht?«

»Der ist in absolut festen Händen und hat fünf Kinder. Abgesehen davon heiratet man seinen Chef nur in Groschenromanen.«

»Nein, ich habe diesen netten Freund der Familie gemeint. Hat er Ihnen nicht den Hof gemacht?«

Er war eben einfach nett, und zwar nicht, weil er ihr den Hof machte. Er war gutmütig und sehr religiös und wollte einfach nicht, dass eine junge Frau so ohne alle Einkünfte dastand. Der Herr, so meinte er, schicke einem allerlei Prüfungen. Wenn Elmina ihm einen Gefallen tun wolle, so solle sie doch wenigstens einmal ihre Einstellung zum Himmel überdenken.

»Er ist kein Faschist, aber er muss seine alten Eltern unterstützen, also hält er es mit der Mehrheit. Jetzt lernt er Deutsch, das könnte ihm für seine Karriere nutzen, sagt er. Wenn Rom und Berlin gemeinsam siegen, ist Englisch zu nichts mehr nutze.«

Leutnant Alberico – es sollte nur noch einen Tag dauern, bis sie ihn »Oal« taufte – meinte lachend, dieser Schlauberger verschwende seine Zeit. Englisch sollte er lernen. Englisch! Als er dann feststellte, dass sie noch ein paar Stunden Zeit hatten, meinte er, sie sollten gemeinsam zum »Canile« gehen, zum Hundezwinger.

Sie wusste nicht, was das war? Na, dann hatte ihre Bildung ja noch ganz schöne Lücken. Da seien eben die Hunde. Aber nur die auf zwei Beinen, und zwar welche, die singen. »Hunde« seien im Genueser Dialekt angeberische Menschen, und hier könnten sie sich austoben – wenn sie sich trauten.

Dieses Lokal lag am Bach Bisagno, der quer durch Genua fließt. Während der langen Straßenbahnfahrt erklärte ihr der Leutnant, die Geschwister hätten es von den Eltern geerbt. Zu deren Lebzeiten sei es recht bekannt gewesen, ein »Canile«, der manchen glorreichen Sonntag erlebt habe. Hier konnte jeder den »Hund« spielen und singen, wenn er die Nerven hatte, spitze Bemerkungen und Gelächter über sich ergehen zu lassen.

Jetzt war nur noch Misia da, seine Schwester. Mit der Musik war es vorbei und fast auch mit dem Restaurantbetrieb; Misia habe sich nie besonders dafür begeistern können. Sie war skorbutkrank.

»Misia?« Den Namen fand sie seltsam. »Und warum heißt das Restaurant ›Osteria dell'Ombra‹? Sonst heißen Restaurants doch ›del Sole‹.«

»Misia« kam von »Artemisia«, wer weiß, durch welches Buch der Vater sich in diesen Namen verliebt hatte. Und warum »Zum Schatten« statt »Zur Sonne«? Das war einfach. Es lag am Straßennamen, Via dell'Ombra. Abgesehen davon war es eine Familieneigenschaft, das Gegenteil des Erwartbaren zu tun.

Diese Via dell'Ombra war eine ländliche Straße, eine, wo man im Frühling Salami und frische Bohnen essen ging, im Herbst frühe Kastanien mit jungem Wein. Zwischen Haus und Straße lag ein Streifchen verwilderter Garten mit einer Pergola. Von den Hinterräumen aus ging eine Treppe in die Zimmer des ersten (und letzten) Stocks.

»Misia!«, hatte er gerufen und mit der Faust auf den rohen Holztisch geschlagen.

»Ist Vincenzo da?«

Auf jeden Fall musste Elmina auch seinen Bruder kennen lernen! Ah, das war schon ein Verrückter, dieser Vincenzo! Seine Akte bei der Polizei war so dick, aber sie hatten ihn nie ernstlich drangekriegt. Als sie zusammen in Paris waren, lief er mit einem roten Fez auf dem Kopf herum, und alle hielten ihn für einen Türken. In Italien trug er ihn provozierend als Gegenstück zum schwarzen Fez der Faschisten, und darum hatte er untertauchen müssen, bevor sie ihn kaltmachten.

Der etwas speckige Vorhang zu den rückwärtigen Räumen wurde beiseite geschlagen, Misia kam zum Vorschein und sagte, Vincenzo sei vor Kurzem fortgegangen. Wohin? Wer konnte das wissen! Als würde der sagen, wohin er geht!

Die Gesichtszüge dieser Misia, einer mittelalten Frau, ähnelten denen Oals, und auch ihre etwas brüske Art.

»Das ist Elmina. Wenn du uns einen Wein ausgibst, dann trinkt sie ihn. Bald wird sie mit einem gelben Stern herumlaufen müssen.«

»Ja?«

Misia wirkte weder beängstigt noch sonst wie besorgt. Sie nahm die Weinflasche und sah Elmina freundlich an.

»Kommen Sie her, wann immer Sie wollen. Im Frühling ist es hier besonders schön.«

Das musste es wohl, dachte Elmina, als sie im Hinausgehen die Zweige der Glyzinie auf der Pergola sah. Am Rand eines Beets sah sie Veilchenblätter, und sie bückte sich, um einige zu pflücken. Dann brachte Oal sie wieder zum Meer. Auf der Plattform der übervollen Straßenbahn nahm er sie fest um die Hüfte und neigte den Kopf, sodass er bei jedem Ruckeln ihr Haar streifen konnte. Sich in der Öffentlichkeit zu küssen, das war undenkbar und sollte noch längere Zeit als Ordnungswidrigkeit gelten.

»Nach dieser Kurve kommt ein Kiosk und gleich dahinter ein altes Haus mit einem Balkon voller Geranien. Das Fenster links ist meins. Morgen?«

Er drückte sie an sich und schaute sie mit begehrlich funkelnden Augen an.

»Morgen.«

Er hatte beim Major vorzusprechen und musste sich sputen.

»Also bis morgen!«

Zu Hause steckte Elmina die Hand in die Tasche und spürte etwas Feuchtes: Die Blätter, die sie in der Via dell'Ombra gepflückt hatte. Sie warf sie fort, sie war nicht romantisch genug, um sie in einem Buch aufzubewahren, sie waren ja auch schon ganz welk und zerdrückt. Ganz anders als die Blätter, die sie einst am Rand jener Straße in Norddeutschland sehen würde, in Malchow, bei Eiseskälte.

23

Malchow, Winter, nachts.

Die Fabrik lag im Wald verborgen, weit entfernt. Also marschierten die Frauen schnell, vom harten Rhythmus der Pantinen skandiert, in Fünferreihen und untergehakt, um sich so die Illusion von Wärme und Geborgenheit zu verschaffen in der kalten Nacht ringsum.

Elmina hatte sich angewöhnt, mit geschlossenen Augen zu gehen, dem Rhythmus der Schritte folgend. Sie suchte stets einen Platz mitten in der Reihe, sodass sie nicht so leicht aus dem Gleichgewicht kam. Wenn sie dann und wann doch die Augen öffnete, sah sie immer das gleiche: rechts und links Wände aus schwarzen Tannen, dazwischen das fahle Band der

Straße. Auf dem Rückweg von der Nachtschicht verzichtete sie auf dieses Spiel, wenn der große Stern, dessen Name sie nicht wusste, rein und klar am Himmel glänzte und den Morgen ankündigte.

»Unser Stern! Schaut mal, unser Stern grüßt uns!«

Die Frauen sahen ihm bezaubert nach. Ihr Bedürfnis nach Geborgenheit und Hoffnung war so groß, dass sie in diesem fernen Himmelskörper das funkelnde Versprechen besserer Zeiten sahen, den Blick einer überirdischen Macht, die barmherzig und gütig auf sie herniedersah. Von der Arbeit und dem Fußmarsch erschöpft, fanden sie noch die Kraft für die üblichen Beschwörungen – die Russen rücken vor, das Geräusch der Bomben kommt immer näher, bald haben wir's geschafft –, bevor sie in den Baracken verschwanden und auf den Pritschen in todesgleichen Schlaf fielen.

»Was ist los? Bist du betrunken?«

Wenn Elmina schwankte, schubsten sie sie an ihren Platz. Sie riss die Augen auf, schloss sie wieder, um weiter von Oals Veilchen zu träumen, von jenem Februarabend. Sie liebte Oal, doch ihr Selbsterhaltungsinstinkt trieb sie dazu, sich innerlich nicht so sehr an seiner Person, sondern an den Dingen festzuklammern, die mit ihm verbunden waren. Dinge waren ersetzbar, ihnen haftete ja nicht die Möglichkeit des unwiederbringlichen Verlustes an wie jeder menschlichen Beziehung.

Minuziös stellte sie sich Oals Veilchen vor, bis sie alles überlebensgroß sah, das weiße Band, das den Strauß zusammenhielt, den gelben Fleck im Herzen des violetten Blütenkelches, den Weidenkorb und die in ihren Schal gewickelte Blumenhändlerin.

Innig und ruhig war diese Vorstellung. Die Nachtschicht dauerte eine Woche, also hatte sie viel Gelegenheit zu dem Gedankenspiel. Und am Ende erschienen die Veilchen sogar leibhaftig vor ihren Augen, ganz unvermittelt. So nah, dass sie den Korb gar nicht sah, so duftend, dass es ihre Lungen ganz erfüllte. Ein großes violettes Leuchten über der tiefgrünen Krone der Blätter, ein üppiges Bündel dunkler, frischer Veilchen. Eine duftende Liebkosung auf Wangen, Mund und Nase, samtig, umwerfend.

Sie blieb stehen und riss die Augen auf. Die Veilchen! Vor Erregung raste ihr Herz, unregelmäßig, heftig. Die Veilchen!

Noch einen kurzen violettgrünen Blitz sah sie, dann war alles wieder dunkel. Die Tannen waren schwärzer als schwarz, die Straße führte bleich in die Ferne, der frierende Wald roch herb. Sie hatte ihre Nachbarinnen aus dem Tritt gebracht, und sie schimpften auf sie ein.

»Was ist los? Spinnst du, oder was?«

Tagelang betete Elmina noch sehnsüchtig und voll Vertrauen, dass die Veilchen ihr noch einmal erscheinen mögen, so, wie eine Gläubige ein verehrtes Heiligenbild anbetet, doch umsonst. Es geschah nicht noch einmal.

24

In Gedanken an die Nacht mit den Veilchen hatte ich fast ohne es zu bemerken ein gutes Stück Wegs zurückgelegt. Meine Beine allerdings spürten es deutlich und verlangten nach einer Pause, sodass ich glücklich war, als ich einen geradezu idyllischen Flecken entdeckte: Neben einem schmalen Wassergraben umstanden hohe Weißdornhecken schützend ein Wiesenstückchen.

Zu schön, um es nicht zu nutzen! Außerdem brauchte ich einen Sichtschutz für etwas, das ich, nachdem ich die Lagersitten abgelegt hatte, nicht mehr in Sichtweite der Straße tun mochte. Daher war ich verärgert, wirklich sehr verärgert, als ich feststellen musste, dass mir bereits jemand zuvorgekommen war.

Ein Kollege. Die düsteren Streifen meiner Lagerkleidung wiederholten sich auf seiner Kappe. Er war abgezehrt und verhärmt wie ich, doch trotz dieser Ähnlichkeit sorgte der rotblonde Bart, der sein Gesicht rahmte, für einen ernsten, würdigen Eindruck, vielleicht weil damals Bärte seltener waren und immer mit der Vorstellung des Gelehrten verbunden.

Er saß neben dem Wassergraben, seine Blicke spiegelten meine Abwehr wider. Als wollte er mir verständlich machen, dass er keine Gespräche wünschte, wandte er sich gleich wieder seinem Essnapf und der Tasse zu und begann, sie demonstrativ sorgfältig zu spülen, ohne mich eines weiteren Blickes zu würdigen.

Auch damit wieder kam er mir zuvor. Eigentlich wäre es doch an mir gewesen, zu zeigen, dass ich allein bleiben, in Ruhe gelassen werden wollte. Immer verdrossener setzte ich mich an die Hecke, statt ans Wasser, wie ich es gewollt hätte. So ein unverschämter Kerl! Der verdarb mir alles!

Ich öffnete meine Tasche und tat meinerseits so, als würde ich darin für Ordnung sorgen. Unterdessen äugte ich insgeheim danach, was der Rotbart tat.

Der schien ein pedantischer, ausgesprochen reinlicher Mensch zu sein: Er hörte gar nicht mehr auf mit dem Waschen. Nach Tasse und Napf kamen ein Löffel und ein Messer an die Reihe, dann die Hände und schließlich das Gesicht.

Wie lange das noch gehen würde, fragte ich mich.

Ich schüttelte zum Schein Krümel aus meiner Tasche, da sah ich entsetzt, dass er jetzt auch noch ein Halstuch durchwusch.

Endlich war er fertig. Er setzte sich mühsam seinen Rucksack auf und rollte die graue Decke zusammen. Als seine gesamte Ausrüstung abmarschbereit schien, griff er einen Stecken und brach endlich auf.

»Hallo!«, grüßte er, als er an mir vorbeikam, und legte die Hand an den Mützenrand.

»Hallo!«, entgegnete ich verwundert.

Die Geste war freundlich gewesen, die etwas vorstehenden klaren Augen hatten sanft geblickt. Ich schaute seinen gemessenen Schritten nach und war absurderweise enttäuscht, dass er mich mit einem einfachen »hallo« abgespeist hatte. Wer mochte er sein?

In Birkenau hatte ich einen Dänen kennen gelernt, der nie sprach. Sollte das auch ein Däne sein? Slawisch sah er jedenfalls nicht aus. Italiener, Franzose, Belgier? Dann würden wir jetzt noch quatschen. Also?

Jedenfalls ging er wie ich zur Brücke von Schwerin. Er war vor mir aufgebrochen, ging aber langsam: Dem würde ich unterwegs wieder begegnen.

So trieb mich die Neugier dazu, meine Rast zu verkürzen und mich unwillkürlich zu beeilen. Nicht lange darauf überholte ich ihn.

»Hallo!« Diesmal war ich es, die vorbeiging. Er wandte mir den Kopf zu und führte wieder höflich die Hand an die Mütze, um den Gruß zu erwidern. Seine Augen waren gerötet, sehr erschöpft, und obwohl er jung zu sein schien, war sein Gesicht von tiefen Falten gefurcht.

Den ganzen Tag lang überholten wir einander immer wieder. Ich wanderte zwar schneller als er, musste mich aber häufiger am Straßenrand hinlegen und ausruhen. Er hingegen schritt langsam und gleichförmig aus, auf seinen Stecken gestützt.

Kurz bevor die Sonne unterging, als der Himmel sich mit rosaroten Streifen überzog, ließ uns derselbe Gedanke eine Ruine aufsuchen, die Schutz für die Nacht versprach. Ich fragte ihn:

»Nach Schwerin?«

»Ja, nach Schwerin!«

Wir unterhielten uns, während er aus kleinen Steinen und Hölzchen eine Art Feuerstelle aufbaute und ein Feuer darin entzündete. Er war Holländer.

Den ganzen Tag hatten wir so getan, als ignorierten wir uns, als wollte jeder vor allem allein sein. Jetzt saßen wir nebeneinander, warteten darauf, dass das Wasser warm würde. Schon fühlten wir uns als Weggefährten und waren froh darüber. Willem, so war sein Name, berichtete in einer Mischung aus fehlerhaftem Deutsch und holprigem Französisch, dass er in der Heimat als Schneider arbeitete. Seine Frau Margriet war Kindergärtnerin. Sie lebten in Middelburg, einer schönen, sehr alten Stadt.

Wie lange war er im Lager gewesen? Lange?

Zwei Jahre. Und seine Frau? Seine Frau …

Er senkte den Kopf, und die Antwort schien ihm unendlich schwer zu fallen. Seine Frau war bei einem Bombenangriff ums Leben gekommen, zusammen mit ihrem Hündchen Tim, das mehr als nur ein Hund gewesen war. Sie hatten keine Kinder, und Tim war eine Art Ersatz gewesen.

Natürlich erzählte ich ihm von dem Hund, der mich im Wald angefallen hatte.

Als er meinen verdreckten Verband sah, den ich bislang nicht abgenommen hatte, meinte Willem, das sollte man aber auf jeden Fall tun und dann die Wunde mit warmem Wasser spülen.

Es war so lange her, dass sich jemand um mich kümmerte, dass es sehr eigenartig auf mich wirkte. Ich war überrascht, empfand aber auch Dankbarkeit und Rührung.

Ich dankte sehr, lehnte seine Hilfe jedoch ab. Im Lager, meinte ich …

»Das stimmt«, unterbrach er mich. »Im Lager würde man sich nicht darum kümmern. Aber jetzt sind wir gottlob nicht mehr dort und können uns endlich wieder normal verhalten. Wir würden uns sogar erkälten. Ein Luftzug genügt, Sie werden sehen!«

Wir verstanden uns gut und arbeiteten bald Hand in Hand an der Feuerstelle. Dann bestand ich darauf, Essnäpfe und Löffel zu säubern.

»Nein, nein! Warum wollen Sie sich anstrengen? Das erlaube ich nicht!« Er war ganz förmlich.

Da ich mich wohl fühlte und richtig aufgekratzt war, erzählte ich ihm, dass ich mir zu Hause ein gutes Zeugnis verdient hatte, in dem man mich als eine wahre Perle bezeichnete.

Ja, ich war ein sehr tüchtiges Hausmädchen gewesen. Was sollte mir das bisschen Abwasch also für eine Mühe bereiten?

25

»Kinder- und Hausmädchen von evakuierter Familie dringend gesucht. Bitte melden bei …«

Oals Bruder fand meine Idee gut.

»Wie für dich gemacht! Wenn sie so dringend eine brauchen, fragen sie nicht viel. Magst du Kinder?«

Nein, ich mochte Kinder nicht, aber Vincenzo meinte, bei einer evakuierten Familie würde ich am wenigsten auffallen. Oal würde mir denselben Rat geben, sagte er.

»Außerdem werden in der Gegend gerade Partisanengruppen organisiert. Wenn du dort wohnst und die Verhältnisse kennst, kannst du uns helfen, als Stützpunkt vor Ort.«

Vincenzo dachte nie an den Einzelnen allein, sondern stellte ihn immer in einen Zusammenhang, wo er anderen nützlich sein konnte.

»Was, sie haben dich schon abholen wollen? Wann?«

Morgens früh waren sie gekommen; so hatte es mir Signora Carlini erzählt, meine Zimmerwirtin, die mich ganz aufgeregt an der Treppe abpasste. Sie wollte mich warnen, erstens, weil sie eine gute Seele war und mich nicht in Gefahr wissen wollte, zweitens, weil sie – zu Recht oder zu Unrecht – fürchtete, eine

Verhaftung in ihrem Haus könnte ihren Ruf als ehrenwerte Vermieterin ankratzen.

Sie war ganz außer sich und hätte es am liebsten gesehen, wenn ich sofort verschwunden wäre. Doch es war ein kalter, regnerischer Novembermorgen, und ich entgegnete, ein paar Dinge müsse ich schon mitnehmen dürfen. Außerdem hatte ich Bauchweh. Ich konnte doch nicht ohne eine einzige Binde fortgehen!

Mit größter Vorsicht begleitete Signora Carlini mich die Treppe hinauf. Dauernd sah sie sich um, als lauerten überall Spione. Dann wartete sie auf der Schwelle meines Zimmers, während ich hastig einen Koffer füllte.

»Ich lasse Ihnen einen Schrankkoffer hier. Bitte passen Sie gut auf ihn auf, er enthält Dinge, die sehr wertvoll für mich sind.«

»Das letzte Kleid Ihrer Mutter?«

»Ja. Und auch Zeitungen und Bücher. Und meine Sommersachen.«

»Und die dort? Warum nehmen Sie die mit?«

Ich wollte etwas Vertrautes mitnehmen, also hatte ich drei bestickte Leinentücher und ein paar Bücher aus dem großen Koffer genommen. Schließlich griff ich noch ein Töpfchen gesalzene Butter, das ich teuer auf dem Schwarzmarkt ergattert hatte.

»Das geht doch kaputt! So eine Verschwendung!«, sagte die Carlini von der Tür aus, ungekämmt und schlampig wie immer. Immer wieder wischte sie sich mit einem sauberen Schürzenzipfel die Augen.

»Abwarten!«, meinte ich, denn ich hatte die Butter noch nicht gekostet und war nicht geneigt, auf sie zu verzichten.

Bevor ich, den Koffer in der Hand, durch die Tür ging, blieb ich einen Augenblick stehen und schaute noch einmal dieses Zimmer an, mit den ungemütlich weißen Wänden und dem dominierenden schwarzen Schrank, den ich immer geradezu Unheil verkündend gefunden hatte.

Vor allem das Bett, auf dem Oal so oft gelegen hatte und in dem sich – auch wenn die Carlini Stein und Bein schwor, dass das nicht der Fall sei – auch die eine oder andere Wanze tummelte.

Ein karg möbliertes Zimmer, das ich nie so recht gemocht hatte. Aber ich wusste nicht, wo und wie ich die Nacht verbringen würde, sodass mir mein Quartier auf einmal gemütlich und behaglich vorkam. Leichten Herzens verließ ich es nicht.

»Gehen Sie! So gehen Sie schon! Bevor die Briefträgerin kommt oder der Pinzuti. Dem kann man nicht trauen!«

Pinzuti war ein städtischer Angestellter, dessen Familie evakuiert worden war. Er kam ins Haus, um sich sein Mittagessen zuzubereiten und so Geld zu sparen; etwas, das uns Frauen sehr störte. Er war ein großer Befürworter der rassischen Reinheit, und seitdem man ihn zum Abteilungsleiter gemacht hatte, tat er derart wichtig, dass er ganz unleidlich war. Er hatte Voralarm zu geben, schrie aber gleich so herum, dass wir alle aus den Betten fielen.

Und Valeria, die aus Kriegsgründen als Briefträgerin eingesetzt war, traute ich ohne weiteres zu, dass sie jemanden schädigen konnte, wenn sie ihre eigenen Interessen berührt sah.

Also ging ich. Nachdem sie mich ein letztes Mal umarmt und mir versichert hatte, der Schrankkoffer sei ihr heilig, zog Signora Carlini still und leise die Tür hinter mir zu.

Ich ging zum Bahnhof. Aus dem Zug schaute ich in die nebllige Landschaft, auf diese halb verlassenen Provinzbahnhöfe, in denen bösartige Propagandaplakate hingen. Ich dachte an die Frauen, die man im Hause Toaf, wie es sich für bessere Leute gehörte, nie »Magd« nannte, sondern immer nur »Dienstmädchen«.

Leontina, die nach dem Ersten Weltkrieg die gute Zeit der im Haus lebenden Mädchen beschloss, war nie wirklich »in Dienst«. Sie hatte mit stillem Nachdruck dafür gesorgt, dass sie ein Familienmitglied wurde. Nach ihr kamen sie dann stundenweise: die klatschsüchtige Iside, Bruna, die so unter der Schande litt, dass ihr Bruder ein Dieb war, und schließlich Magenta, die alte, despotische, launenhafte Magenta. Wenn sie in der Küche war, hatte sonst niemand Zutritt.

Wie ich sie alle so Revue passieren ließ, kam ich zu dem Schluss, dass ich ein perfektes Hausmädchen sein würde, ein unvergessliches, ja legendäres. Warum sollte ich mich bedauern?

Ich reiste einer Erfahrung entgegen, und eines Tages würde ich sie mit Vergnügen schildern.

26

Die Signora öffnete die Tür.

Sie war schmächtig, hatte helles Haar, ein müdes Gesicht und lächelte matt. Man sah ihr gleich an, dass das Haus auf dem Lande unbequem war, dass die drei kleinen Kinder viel Arbeit machten, dass die Frau, die ihr geholfen hatte, unversehens auf und davon war.

Die Kinder erschienen sofort und suchten hinter ihrer Mutter Deckung: zwei Jungen und eine sehr hübsche Kleine, die den Neuankömmling mit gerunzelter Stirn musterte. Elmina bückte sich, um sie zu streicheln, aber die Kleine sträubte sich entschieden. »Geh weg! Ich will Gianna!«

Die Mutter redete ihr zu, jetzt sei aber Tante Elmina da, die sei ganz lieb, noch viel lieber als Gianna. Dann ging sie zur Tür des ersten Zimmers und öffnete sie: Hier werde Elmina schlafen, ihr Bett stehe neben dem der Kleinen.

»Sie können sich sofort umziehen.«

Aus einem Schrank zog sie eine schwarze Kittelschürze und ein

Stück kräftigen, gestreiften Stoff, wie sie für Küchenlappen verwendet wurden. Elmina zog sich den Mantel aus, hielt dann aber peinlich berührt inne, weil die Frau und die Kinder im Zimmer standen und jede ihrer Bewegungen genau beobachteten. Schnell schlüpfte sie in die Kittelschürze. Immer noch höchst aufmerksam von den Kindern begleitet, zeigte die Signora ihr die Wohnung.

»Um die Küche kümmere ich mich«, meinte sie abschließend und reichte ihr einen Arm voll klamme Wäschestücke.

»Bis zum Tischdecken kümmern Sie sich bitte um das hier.«

Sie standen im Esszimmer, und instinktiv schaute Elmina zu einem Stuhl.

»Gehen Sie damit in die Küche. Wenn Sie nicht genug sehen, machen Sie das Licht an.«

Aus dem Küchenfenster schaute Elmina in den Garten. Er war vernachlässigt und kahl: eine große Tanne, ein paar dürre, dornige Rosen. Ein deprimierender Anblick war das, und sie sah sich lieber in der Küche um.

»Wie die Küche von den Tanten«, dachte sie. Rosa Kacheln, ein großer marmorner Spülstein und ein Schrank mit feinem Gitter anstelle der Türfüllungen, den sie zu Hause »Fliegenschrank« genannt hatten. Und der Wasserhahn tropfte, er war nicht ganz dicht, auch das war wie bei den Tanten. Elmina machte das Licht an, setzte sich ans Fenster und begann die Wäsche durchzusehen.

Viele Knöpfe waren anzunähen und etliche Risse zu stopfen, manche fadenscheinige Stelle brauchte einen Flicken. Auf diesem Gebiet war Tante Linda eine wahre Künstlerin gewesen und hatte sie gründlich unterwiesen, wenn auch Elminas Erfolge nie besonders groß waren.

Sie nahm Nadel und Faden und versuchte ihr Bestes. Gerade kämpfte sie mit einem Tischtuch, als die Kinder eintraten, schweigend, mit behutsamen Bewegungen.

Sie sahen einander nicht ähnlich. Der Große, pummelig und blond, war die männliche Ausgabe der Kleinen. Für sein Alter zu schnell gewachsen, zeigte der Mittlere die blassen Gesichtszüge der Mutter.

»Gianna«, sagte er, »hat ganz viele Geschichten gewusst.«

Als Elmina antwortete, sie wisse auch viele, wirkten sie gleich zutraulicher. Sie begann zu erzählen, und die Kinder kamen eifrig näher, verfolgten die Erzählung so fasziniert, dass es wiederum Elmina faszinierte und dazu brachte, die schönsten Märchen zu wählen, sie besonders spannend auszuschmücken, die Arbeit zu unterbrechen, um besser zu erzählen. Als sie eben über eine komische Frage der Kleinen lachten, trat die Signora ein und schickte die Kinder zum Händewaschen, es sei bald Essenszeit.

»Verwöhnen Sie sie mir bloß nicht zu sehr, Elmina, nicht zu sehr verwöhnen!«, mahnte sie, kaum dass die Kinder hinaus waren. »Wenn sie zu vertraulich werden, werden Sie nicht mehr mit ihnen fertig!«

Sie stellte sich an den Herd und kümmerte sich um die Suppe.

»Seit wir evakuiert worden sind, pendelt mein Mann. Furchtbar umständlich ist das. Der Zug fährt jede Stunde, aber er kommt immer zu spät, einmal ging sogar zwei Stunden lang keiner. Ach, dieser Krieg!«

Das Haus lag ganz in der Nähe des Bahnhofs, sodass sie bald den Zug kommen hörten. Die Kinder waren aufgeregt, am liebsten wären sie ihm entgegengelaufen. Als die Türglocke läutete, machten sie auf; es gab viele Freudenrufe, gemischt mit Ermahnungen zur Ruhe. Dann betrat ein nicht besonders großer Mann mit Geheimratsecken und geteilten Brillengläsern das Esszimmer, in dem Elmina gerade den Tisch fertig deckte. Er küsste seine Frau auf die Wange; Elmina schien er gar nicht zu bemerken. Wieder hatte sie das Gefühl, sie sei nicht mehr als ein häuslicher Einrichtungsgegenstand, ein Ding, und es war ihr ebenso unangenehm wie zuvor, als sie sich umziehen wollte.

»Guten Abend.«

»Guten Abend.«

Signor Maglionico schaute seine Frau fragend an. »Ist sie das?«

»Das ist unsere neue Hilfe. Die dich im Büro angerufen hat: Elmina.«

Er sah sie an, sagte wieder »Guten Abend«, mit ausdrucksloser Stimme. Da erinnerte sich Elmina daran, dass der Butler in den Büchern von Woodehouse sich stets höchst korrekt und distinguiert verhielt. Sie beschloss, sich das zum Vorbild zu nehmen, und neigte würdig den Kopf.

»Guten Abend, Signore.«

Dieser berühmte Butler leitete sie in diversen Situationen, vor allem, wenn sie bei Tisch servierte, wenn auch ohne weiße Handschuhe. Sie bemühte sich, die Schüssel, die sie wacklig balancierte, nicht anzusehen, und verkündete, es sei serviert.

»Passen Sie auf Elmina, passen Sie doch auf!« Die Signora sah schon die Soße tropfen.

So begann ihre kurze Laufbahn. Schon eine Woche nach Dienstantritt verkörperte sie leuchtend die Tugenden, an die sie gedacht hatte. Es war wie ein Spiel, vor allem, wenn die Freundinnen der Signora in der Küchentür standen und sie neidisch betrachteten; dann arbeitete Elmina mit dem Eifer dessen, der sich von einer Kamera beobachtet weiß.

Dann verlor das Spiel allmählich den Reiz des Neuen, Elminas Vergnügen, das ideale Hausmädchen zu verkörpern, ließ nach. Die Weihnachtsfeiern waren für sie eine große Anstrengung, mehr nicht, trotz des Trinkgelds, das sie bekam. Außerdem begannen die Kinder, ganz wie die Signora vorhergesagt hatte, ihr auf der Nase herumzutanzen und ließen sich nur noch mit großer Mühe im Zaum halten. Zudem betrachtete die Signora die außergewöhnlichen Qualitäten, die sie zuvor allen stolz vorgeführt hatte, zunehmend als selbstverständlich.

Und Elmina bekam nur selten Nachricht von Oal. Vincenzo

drang in sie, sie solle mit Genossen der Gegend Kontakt aufnehmen, doch jedes Mal, wenn sie aus dem Haus ging, schickte die Signora die Kinder mit. Tag und Nacht war Elmina unter Kontrolle, auch sonntags, wenn sie die Messe besuchen musste. So hatte sie nur wenige Zerstreuungen. Unwirsch knallte sie eine Gabel hin, um die man sie mehrmals gebeten hatte. Für einzelne Erledigungen brauchte sie immer länger, ihre Geduld wurde dafür immer kürzer. An Leontina und Iside, Bruna und Magenta dachte sie jetzt voll Mitgefühl und Sympathie. Deren Verhalten, einst streng verurteilt, erschien ihr jetzt absolut begreiflich. Der einzig wahre Fehler, erkannte sie, hatte darin bestanden, sie alle nur nach dem äußeren Schein zu beurteilen. Was hatten sie schon von ihnen gewusst?

Als Reaktion darauf, dass die Maglionicos ihre Gespräche unterbrachen, wenn sie erschien, begann sie, schlecht über sie zu reden, mit den Händlern und vor allem mit Pasqualina, der alten Frau aus dem Dorf, die kam, um ihr bei der Wäsche zu helfen. Pasqualina kam frühmorgens, mit von der Kälte gerunzeltem Gesicht, gebeugt in eine schwarze Strickjacke gehüllt. Wie sie an den Eimern anpackte! Elmina fragte sich, woher sie die Energie für die Wäsche nahm, und sie fand es eine Schande, dass die Alte zu dieser Arbeit gezwungen war. In der Zeit ihrer Vollkommenheit hatte sie wenig mit ihr geredet, weil sie allen Klatsch vermeiden wollte. Seit sie sich nicht mehr so steif gab, war der Waschtag zu einem Tag der Freundschaft geworden; die Gespräche mit Pasqualina gaben ihr Einblick in harte Lebensbedingungen, die ihr bis dahin unbekannt gewesen waren.

Eines Tages Ende Januar war sie ausnahmsweise allein aus dem Haus gegangen. Sie nutzte die Freiheit, um bei der Post einen Brief einzuwerfen, in dem sie Oal ihr langweiliges Leben klagte. Da traf sie Pasqualina. Sie plauderte mit einer jungen Frau, die ebenfalls im Haushalt von Evakuierten arbeitete; Elmina stellte sich dazu.

Die Dritte klagte darüber, welch hohe Ansprüche diese Stadtleute stellten, Elmina kritisierte die Erziehung, die die Signora den Kleinen zuteil werden ließ. Ah, wenn das ihre wären! Dann gäbe es nicht so viel Theater. Diese Launen!

»Nichts als Scherereien hat man mit der Herrschaft«, meinte Pasqualina resigniert.

Elmina kam spät nach Hause. Wo sie gewesen sei? Was passiert sei? Die Signora befragte sie mit beherrscht trockenem Ton, das Gesicht jedoch wutverzerrt, und Elmina gab unbekümmert ein paar fadenscheinige Ausreden zur Antwort.

»Ich sage nichts, weil ich dich brauche, aber halte mich ja nicht für so dumm, dass ich dir glaube!« Sie zog eine Grimasse, drehte ihr den Rücken zu und ging ohne ein weiteres Wort.

Elmina ging Feuer machen, die Kinder immer dicht auf den Fersen; sie vergnügten sich damit, ihr hinterrücks die Schürzenschleife aufzuziehen, bis Elmina aus der Haut fuhr und sie anherrschte, sie sollten verschwinden, sie hätte zu arbeiten. Sie sollten endlich aufhören, ihr auf die Nerven zu gehen!

»Was ist da los?«, rief die Signora aus einem anderen Raum.

»Hier ist los, dass ich niemanden in der Küche sehen will! Ich schließe jetzt ab!« Sie schob die Kinder hinaus und schloss geräuschvoll die Tür. Dann machte sie sich an die Arbeit, topf- und deckelklappernd wie einst Magenta.

27

Der Holländer lachte herzlich.

»Und dann haben sie Sie irgendwann entlassen? Und daher hatten Sie das gute Zeugnis? Nicht möglich!«

»Nein, sie haben mich nicht entlassen, ich bin von mir aus gegangen, als Lebensmittelkarten ausgestellt wurden und ihnen meine Situation klar wurde. Sie waren freundlich und sagten, ich könne bei ihnen bleiben, Signor Maglionico würde das schon irgendwie hindrehen. Aber jetzt war alles anders. Einerseits bequemer, denn ich war nicht mehr Elmina, sondern Signorina Misdrachim, da konnte ich auch schon mal beim Bügeln ein Tischtuch ansengen, ohne dass es ein Riesengeschrei gab wie vorher, aber ich habe mich trotzdem nicht wohl gefühlt. Also habe ich gekündigt, fristgerecht, wie es sich gehört, und mir mein Zeugnis ausstellen lassen. Wie schade, dass ich es verloren habe! Ich hatte vor, es einzurahmen und aufzuhängen, sobald der Krieg vorüber ist.«

»Wie ist es denn verloren gegangen?«

Es war nicht verloren gegangen. Man hatte es mir weggenommen, und ich verdankte ihm viel.

»Wie erklären Sie, dass hier ein anderer Name steht als auf diesem Zeugnis?«

Der Mann, der das Futter meiner Tasche aufgerissen hatte, wedelte mir mit Lebensmittelkarten und dem Zeugnis vor dem Gesicht herum. Er hatte den hellen Regenmantel und den Hut abgelegt, mit denen er sich à la Humphrey Bogart ausstaffiert hatte; zum Vorschein kam ein Choleriker mit Brillantinekopf.

»Sie sind Jüdin, was? Das sind so eure Tricks!«

Immerhin hörten sie jetzt endlich auf mit ihrem »Rede, wir wissen sowieso alles!«, und »Rede, das ist besser für dich! Wir wissen genau, wessen rechte Hand du bist!« Jetzt konzentrierten sie sich auf die Rasse und schickten mich ohne Verhör oder Folter ins Gefängnis, da nichts gegen mich vorlag. So rettete mir das Zeugnis der Signora Maglionico das Leben. Man stelle sich vor!

Der Holländer staunte. Warum das Leben? Das begriff er nicht.

Weil ich die Folter nicht ausgehalten hätte, ohne die anderen zu verraten. Ich hätte mich umbringen müssen, und sich in der Zelle das Leben zu nehmen, ist gar nicht so einfach. Vincenzo wusste das und hatte mir geraten, im Absatz meines Schuhs eine Rasierklinge zu verstecken.

»Sich umbringen? Na aber! Wenn jeder, der gefoltert werden sollte, sich umgebracht hätte!«

Auch er hatte Glück gehabt, hatte keine Folter erdulden müssen, sondern »nur« die üblichen Misshandlungen. Immerhin hatten sie ihm nicht die Fingernägel ausgerissen, nur ein paar Zähne eingeschlagen ... Aber er hatte die Schreie der Gefolterten gehört, Schreie, die jede Wand durchdringen und das Herz in eine Hand voll Asche verwandeln.

»Wenn ich an der Reihe bin, schaffe ich es nicht, dichtzuhalten«, dachte er, als er es hörte. Und dann, als er an der Reihe war, schaffte er es doch.

Wie durch ein Wunder.

»Wen Gott auf eine Probe stellt, dem gibt er auch die Kraft, sie zu bestehen«, schloss Willem.

»Glauben Sie an Gott?«

Gewiss doch. Wie könnte man die Welt ertragen und ihr widerstehen, ohne an Gott zu glauben? Leben und Tod sind große und unerklärliche Mysterien. Welchen Sinn sollte die ewige Abfolge haben, von der der Prediger im Alten Testament spricht? »Ein Geschlecht geht dahin und ein anderes kommt ...« Nur der Glaube an Gott kann einem da Frieden bringen.

Er konnte mich nicht überzeugen.

»Ich kann es weder wissen noch begreifen; also kann ich's gleich ganz vergessen. Gibt es ein Leben nach dem Tod? Mit Paradies und Hölle am Ende? Na, abwarten, wenn es eins gibt, erlebe ich es früh genug!«

Willem war nicht meiner Meinung. Mit ehrlichem Mitgefühl fragte er, ob ich wirklich sicher sei, ob ich nie daran dachte? Wirklich nie?

Mittlerweile war das Feuer niedergebrannt, und wir waren vom vielen Reden erschöpft.

Willem presste eine Hand auf die Brust und atmete schwer.

»Mein Motor macht es nicht mehr. Hoffentlich schaffe ich es irgendwie bis nach Hause!«

Tagsüber hatte ich mehrmals gesehen, wie er stehen blieb, um Luft zu schöpfen; er reckte den linken Arm und massierte ihn, als wäre er eingeschlafen.

»Warum sind Sie nicht ins Krankenhaus gegangen? Wäre das nicht besser gewesen?«

Zu meiner Überraschung äußerte er ähnliche Gründe wie Gilbert, Jeannettes Landsmann, den wir auf dem Bauernhof getroffen hatten. Auch Willem würde jetzt die Nähe so vieler anderer Menschen nicht ertragen, und ebenso wenig das geregelte Dasein des Krankenhauses oder auch nur die Gegenwart deutscher Krankenschwestern. Es sollte alles ganz nach Gottes Willen gehen.

Aber warum ich mich denn nicht richtig zudeckte? Meine Beine waren entblößt, es war feucht, fast kalt: Wollte ich mir denn Rheuma holen?

»Nein danke, wirklich! Ich bin doch daran gewöhnt!«, wehrte ich ab.

Trotzdem deckte er meine Beine zu, was seine zum Teil entblößte, und wir wünschten einander eine gute Nacht. Er schlief sofort ein.

Ich hingegen hatte meine Mühe damit. Das intensive Gespräch ließ mich nicht los, außerdem schien der Vollmond und ließ die Schatten der Bäume draußen märchenhaft lang werden.

Ich dachte nach und fand, es sei schon ein Glück, wenn man glauben konnte. Es ist wie eine Art Balsam, wenn man sich verbrannt hat, es ist, wie in den Armen seiner Mutter zu liegen. Ähnliches sagte Schwester Matilde, die nachts manchmal kam, wenn Tante Lindas Beschwerden schlimm wurden.

»Gott möge es Ihnen danken!«, rief Linda nach altem toskanischen Brauch.

»Und Ihnen auch!«

Klein, gewandt, mit geistreichen Augen, blieb Schwester Matilde die traditionelle Antwort nicht schuldig. Sie hatte mir erklärt, Kranken beizustehen sei ein gutes Werk, und wer an Gott glaube, müsse gute Werke vollbringen. Sie dankte Tante Linda, dass sie ihr eine Gelegenheit schuf, Gott zu erfreuen und sich den Himmel zu verdienen; auch Linda war es zufrieden.

Also wirklich!

Mir wäre es sehr viel würdiger erschienen, wenn der Mensch allein auf seinem irdischen Wege wandeln und gute Werke vollbringen würde, ohne sich dafür Belohnungen im Jenseits zu erhoffen. Bei uns zu Hause meinte man, meine tadelnswürdige Gleichgültigkeit in Glaubensdingen liege an der großen Verwirrung meiner kindlichen Seele, an dem Mischmasch von Religionen, Vorstellungen und Kirchen, den erst Leontinas Einfluss, dann auch der meiner Mutter hervorgerufen hatte. Ganz zu schweigen von dem Beispiel jenes Flüchtlingsmädchens, Erna Schwarz, das sich Jüdin nannte, aber nicht betete und auch die Speisegesetze nicht einhielt.

Sie schoben die Schuld Leontina zu, da diese mich in der Zeit, als sie in den Bäcker Egidio verliebt war, heimlich in die Kirche mitnahm, wo sie dem heiligen Antonius immer eine Kerze opferte, damit Egidio ihr endlich seine Liebe gestand. Der Skandal brach eines Abends aus, als wir Chanukka feierten, das jüdische Lichterfest, und ich – ich war winzig, aber ehrlich – der entsetzten Familie erklärte, die Kerzen für den heiligen Antonius seien aber viel schöner als die in unserem Chanukka-Leuchter, die ja keine Kerzen waren, sondern ölgetränkte Dochte mit flackernder Flamme.

Es war eine Riesentragödie. Sie drohten Leontina, sie umgehend zu entlassen, die wieder richtete ihre Wut gegen mich, ich sei ein schlimmes Klatschmaul, und sie schwor Stein und Bein, mich nie – nie! – mehr zu Egidio mitzunehmen, wo ich sonst immer ein Stück Castagnaccio bekam, flachen Kastanienkuchen, der seine Spezialität war.

29

Auf den Vorplatz der Kirche San Paolo all'Orto gelangte man über verschiedene Straßen. Leontina wählte selbstverständlich die lang gezogene, alte, gewundene Via San Paolo, aus deren kleinen Läden es nach Hobelspänen duftete, nach geschmiedetem Eisen, Lack und, von Oktober bis Ostern, nach Castagnaccio. Leontina ging gern durch diese Straße; dabei trug sie mich auf dem Arm, denn meine kurzen Beinchen konnten mit ihr nicht mithalten. Sie schritt lang und rasch aus, passend zu ihrer stattlichen Erscheinung.

Wenn sie an der Bäckerei vorbeikam, warf sie stets einen Blick hinein. War Egidios Vater da, ging sie weiter. War er selber da, blieb sie stehen und suchte in ihrem Portemonnaie nach Kleingeld. Dieser Egidio, der später fett und unsympathisch wurde, war damals noch ein freundlich lächelnder junger Mann mit listigen schwarzen Augen. Buschiges, tiefschwarzes Haar fiel ihm in die Stirn, um die schmalen Hüften trug er eine nie ganz saubere Schürze. In der Straße galt er als Herzensbrecher.

Mich immer noch auf dem Arm, bestellte Leontina ein Stück vom besten Castagnaccio, frisch im Ofen gewärmt. Sofort schürte Egidio die Glut und ließ sie auflodern.

»Siehst du?«, fragte Leontina. »So sieht das Höllenfeuer auch aus. Wenn du nicht brav bist, dann schickt Jesus dich in die Hölle, und da werfen die Teufel dich ins Feuer zu den bösen Leuten.«

Aber Egidio drehte sich um und lachte, dass ich all seine weißen Zähne sehen konnte.

»Glaub ihr nicht, das denkt sie sich alles bloß aus! Wer hat das Höllenfeuer denn jemals gesehen? Sie sagt das nur, damit du brav bist.«

»Ich denke mir das aus? Sie werden es ja sehen, wenn Sie drin braten!«

Egidio schüttelte den Kopf, während er den Castagnaccio bewachte. Sie neckten sich und sahen einander dabei sehnsüchtig, ja gierig an; sie herzten mich gemeinsam, damit ihre Hände Gelegenheit hatten, einander zu berühren, zu drücken, zu streicheln. In der Straße – so kam es den Tanten zu Ohren – bekam Leontina allmählich einen zweifelhaften Ruf.

Bevor wir nach Hause zurückkehrten, ging sie in die Kirche und kaufte eine Kerze. Sie zündete sie an und kniete nieder, legte ihren kupferroten Kopf in die Hände und betete inbrünstig, dass Egidio doch Ernst machen solle. Ich sah mich derweil um, in meine Neugier mischten sich Bewunderung und eine unbestimmte Furcht. Ich wünschte mir sehr, hier eine Kerze anzuzünden, so wie ich zu Hause das erste der rituellen Lichter in der Chanukka-Woche anzünden durfte.

Dieser in der Familie seit vielen Generationen vererbte Leuchter war aus Messing; er war recht klein und wurde an die Wand gehängt.

Sobald der erste Abendstern am Himmel sichtbar wurde, versammelte sich die Familie davor und begann zu beten. Die erste Flamme zu entzünden, war mein Vorrecht; also nahm der Großvater mich auf den Arm und führte meine Hand an den im Öl schwimmenden Docht.

Großvater Toaf war ein aufrechter, eleganter alter Herr mit einem hängenden Schnurrbart und hellgrauen Augen unter buschigen Brauen. Sieben Abende lang wurde täglich ein Licht mehr entzündet, jeden Abend wiederholte sich das Ritual, das seit Jahrtausenden an die sieben Brüder erinnerte, die bei der Verteidigung Jerusalems gefallen waren.

Eine Gedenkfeier, keine Trauerfeier war das; das Licht leuchtete in althergebrachter, unzerstörbarer Hoffnung. Die Erwachsenen nahmen mich auf den Arm, ließen mich die Lichter bewundern und brachten mir uralte Wörter bei; ich schaute vergnügt hin, wie auch später bei jedem funkelnden, vergänglichen Licht.

»Sag ›Amen‹!«, forderten sie mich auf. »Amen!«

Amen. Auch Leontina sagte das, wenn sie sich umdrehte, um nachzusehen, ob ihre Kerze ordentlich brannte.

30

Ich war eingeschlafen, während ich mir Egidio vor seinem Ofen vorstellte. Schön wäre es gewesen, wenn ich etwas geträumt hätte, das mir den leckeren Duft des Castagnaccios gebracht hätte. Statt dessen tauchte ich tief in den schwarzen Brunnen des Schlafes ein, bis mich ein gequälter Schrei des Holländers aufschrecken ließ.

»Was ist? Geht es Ihnen nicht gut?« Ich schüttelte ihn, und er wachte auf, einen Arm vor das Gesicht gehoben, um sich vor einer schrecklichen Bedrohung zu schützen.

»Immer dieser Albtraum!«, sagte er, als er sich ein wenig beruhigt hatte. »Immer wieder derselbe!«

Der Mond stand mittlerweile tief, die feuchtkalte Luft ließ uns bibbern und husten. Wir rückten dicht aneinander, damit die Decke für uns beide reichte, und warteten schweigend und reglos auf den Schlaf, der endlich kam.

Am Morgen wanderten wir gemeinsam los; das Asphaltband der Straße war menschenleer.

»Wie lange werden wir brauchen?«

Eine dumme Frage, der Holländer musste lächeln.

»Kommt darauf an, wie viele Stunden pro Tag wir gehen können. Wenn wir so weitermachen …«

Wenn wir so weitermachten, würden wir bis zur Brücke von Schwerin noch ganz schön zu tun haben. Aber ich hatte in Birkenau einen Traum gehabt, der mich beruhigte, und ich schilderte ihn Willem.

Ich wanderte auf einem gewundenen Weg über einen grünen Hügel, einen wunderschönen Frühlingshügel. Manchmal drehte ich mich um, weil ich wusste, dass ich verfolgt wurde: Da war der Tod, als Motorradfahrer verkleidet, mit einem angeberisch breiten Gürtel. Er kam hinter mir um jede Kurve, konnte mich aber nicht einholen. Auf dem Gipfel des Hügels endete der Weg an einem Kornfeld, und ich atmete auf, weil ich wusste, dass ich jetzt in Sicherheit war. Ich sah zurück auf die Kurven, aber der Tod war verschwunden.

Daraus schloss ich zuversichtlich, dass wir die Brücke von Schwerin wohlbehalten erreichen würden.

»Ja … dann müssten wir an einem Kornfeld ankommen.«

Nein, in der Traumsymbolik bedeutete das Korn Glück und Vermögen. Was hatte Pharao für die sieben fetten Jahre geträumt? Kornähren!

Willem war nicht einverstanden. Wenn ich nicht an Gott glaubte, dann dürfe ich auch nicht an die Träume glauben. Oder sei ich eine von denen, die mal glauben und mal nicht, je nachdem, wie es ihnen in den Kram passt?

Wer hätte mir denn den Traum geschickt, in dem ich die Brücke von Schwerin in ein Kornfeld gekleidet gesehen hatte? Das Schicksal etwa? Er fand, wenn eine Atheistin an das Schicksal glaubte, dann sei das nicht nur ein Widerspruch, sondern ganz einfach dumm. Das Schicksal biete weder das Licht noch den Frieden, den Gott bringe.

Das traf mich, denn ich glaubte wirklich an meine vorausdeutenden Träume, und ich glaubte gern an sie. Ich wusste nichts zu entgegnen, also lenkte ich das Gespräch auf meine Erinnerungen vor dem Einschlafen und versuchte, ihm irgendwie zu erklären, was toskanischer Castagnaccio ist. Da der für mich untrennbar mit Egidios Ofen verbunden war, erzählte ich ihm auch von dem Bäcker. Dessen Geschichte war zwar eine wie viele, aber immerhin hatte Leontina ihn geheiratet, daher berührte mich sein Verhalten mehr als das anderer.

Gleich nach der Heirat beorderte er Leontina in die Bäckerei und trat der faschistischen Miliz bei; dort übernahm er bald die Kantine der Freizeitorganisation. Innerhalb weniger Jahre war er Inhaber eines Lebensmittelladens, immer mit der Hilfe seiner Frau, die eigentlich tüchtiger war als er. Bei jedem Krieg – erst Afrika, dann Spanien – wollte er sich als Freiwilliger melden.

»In seinem Alter!«, weinte Leontina, die, so gewitzt sie sonst auch war, alles, was Egidio sagte, für bare Münze nahm. Der verzichtete dann auch jedes Mal, natürlich nur »gezwungenermaßen«, wie er behauptete. Wegen der Kinder oder weil er in der Miliz dem Vaterland auch zu Hause dienen könne.

Als die Rassengesetze erlassen wurden, war er sofort Feuer und Flamme. »Ah, diese Juden! Die waren doch immer Blutsauger!« Er verbot Leontina den Kontakt zu uns. Wenn aber Juden gezwungen waren, etwas zu verkaufen, dann verdiente er gern daran, ganz abgesehen vom Schwarzmarkt.

»Tja, inzwischen wird er gekriegt haben, was er verdient. Für Leontina tut es mir Leid, aber für ihn ...«

Willem fragte mich, ob ich ihn hasste. Nein, das nicht. Außerdem, dass einer ernten soll, was er gesät hat, ist kein Wunsch des Hasses, sondern der Gerechtigkeit.

Das sah er auch so. Es gab Leute, die alle Deutschen hassten und sie am liebsten tot gesehen hätten, auch die Säuglinge in der Wiege. Das sei natürlich nicht recht. Gerecht sei, wenn jemand, der Böses gewollt und getan habe, daran gehindert werde. Die Welt der Nachkriegszeit, die Welt nach dem großen Morden müsse doch sauberer sein, eine Welt des Friedens und der Gerechtigkeit. Anders als der Hass habe die Gerechtigkeit einen kühlen Blick.

Nach einigen Stunden Wegs machten wir eine Essenspause an einem Wald, in dem es gebrannt hatte. Am Rand lagen junge Bäumchen flach, als hätten sie verzweifelt zu fliehen versucht.

»Pflanzen sind noch schlechter dran als Tiere, finden Sie nicht? Sie haben keine Stimme; wenn sie leiden, fühlen wir kein Mitleid, es geht uns nicht einmal auf die Nerven. Wir tun nichts, um ihnen ihr Leiden zu verkürzen. Margriet ...«

Er unterbrach sich. Allein ihren Namen zu nennen, war ihm schmerzhaft.

»Margriet hatte Verständnis für die Pflanzen. Wenn eine die Blätter hängen ließ, dann tröstete sie sie: ›Ich gebe dir gleich zu trinken!‹ Und unsere Pflanzen waren sehr schön, als wollten sie Margriet belohnen. Sie sind auch bei dem Bombenangriff umgekommen. Alle.«

Da fragte ich ihn, ob er diejenigen, die ihm Haus, Freiheit, Frau genommen hatten, nicht hasste. Willem schüttelte den Kopf.

Nein, er finde wirklich, Gerechtigkeit sei etwas anderes. Natürlich enthalte sie manchmal auch eine Portion von Hass. Aber auch der Hass auf etwas Unrechtes könne zutiefst unrecht sein. Und mit dem Hass leben, Tag und Nacht diese Wut spüren ... das sei doch schrecklich. Die Menschen, die für andere so grausame Qualen erfanden, bestraften sich durch ihren Hass täglich selbst. Sie wüssten gar nicht, was Frieden ist.

Willem war verschwitzt und zog sich die Jacke aus, während sein Blick über einen schmalen Streifen Kornacker glitt, der neben dem verbrannten Wäldchen lag, aber dennoch unversehrt geblieben war. Die Stille war so tief, dass man meinen konnte, die Erde atmen zu hören.

»Sehen Sie? Da im Wald sprießt neues Gras. Die Erde findet ihren Frieden wieder, aber wir müssen schwer darum ringen. In uns sprießt das Gras nicht so schnell.«

Und in manchen versteinerten Herzen vielleicht nie wieder, meinte ich.

»Vielleicht. Aber das ist so traurig, so sinnlos ... Auge um Auge, Zahn um Zahn? Nein. Vergeltung kann erlittenes Leid nicht rückgängig machen.«

Wir unterhielten uns weiter darüber, wie viele Arten von Unrecht es gab. Mancher wollte gar nichts Schlechtes tun, er würde es weit von sich weisen, aber unbemerkt tat er es doch.

Unwillkürlich fiel mir der alte Cammeo ein, und noch ein Ereignis, es hatte mit den Heldentaten des »Erzfaschisten« zu tun. Nichts Großes, aber es stand klar und deutlich erkennbar im Nebel meiner Kindheitserinnerungen.

31

In jener Nacht der Strafaktion gegen Ripucci, einen Arbeiter in dem Mietshaus, wo auch die Toafs lebten, hörte nur derjenige, der einen leichten Schlaf hatte, die Schritte auf der Treppe. Aber alle wachten auf, als jemand an die Tür im dritten Stock wummerte. In den Wohnungen ging das Licht an, Männer und Frauen hoben den Kopf vom Kissen und lauschten.

Was war denn bei Ripucci los? Sollte seinem Schwiegersohn etwas passiert sein? Der arbeitete bei der Eisenbahn, da konnte man nie wissen ... Oder war es etwas Politisches?

Mutter und Tochter Ripucci schrien so laut los, dass die kleine Elmina aufwachte.

»Was ist denn?«, fragte sie schlaftrunken.

»Nichts. Da ist ein Betrunkener nach Hause gekommen. Schlaf weiter!«

Sie drehte sich um und zog die Decke über den Kopf, damit das Licht sie nicht störte, aber konnte nicht sofort wieder einschlafen. Schreie hallten durch ihre bleierne Müdigkeit.

»Lasst ihn in Ruhe, ihr Feiglinge! Lasst ihn los, um Gottes willen!«

Dann schnelle Schritte; auf jedem Treppenabsatz wurden die letzten Stufen übersprungen. Unten auf der Straße heulte ein Motor auf, der Wagen raste davon. In der plötzlichen Stille war nur noch das Jammern der Ripucci-Frauen zu hören.

»O mein Gott, o mein Gott ...«

Barfuß, bei gelöschtem Licht, standen die Leute am Fenster und versuchten, durch die angelehnten Läden etwas zu erspähen. Wer an der Wohnungstür gehorcht hatte, besprach sich mit der Familie. Sollte man zu den Ripuccis hochgehen? Oder war es besser, erstmal nichts zu tun und den Morgen abzuwarten?

Mehrere Bewohner des Hauses gingen hin, auch Nella Toaf

warf sich ein Schultertuch über den Morgenrock und ging hoch; Linda blieb unten, um Elminas Schlaf zu hüten.

»Der arme Ripucci, wie haben sie ihn zugerichtet! Wie konnten sie nur! Er braucht was Starkes, damit er sich erholt ...«

Man machte Bemerkungen, empörte sich, lief hin und her. Am Morgen kamen die Nachbarinnen und brachten Kekse, für die schwangere Tochter, die vor Schreck kurz vor einer Fehlgeburt stand, für Ripucci selbst, der hohes Fieber hatte – der Arzt wollte ihn am liebsten ins Krankenhaus schicken –, und für seine Frau, die ihm beistehen musste, dabei hatte sie selber Beistand nötig!

»Die armen Leute! Was haben sie denen angetan!«

Nach diesem Vorfall wurden in vielen Familien die Väter beschworen, bloß die Finger von der verfluchten Politik zu lassen. Oder wollten sie, dass es ihnen erging wie dem armen Ripucci? Viele ließen sich gern überzeugen, nach kurzem Widerstand, versteht sich. Wo man Kinder hatte, diente die Sache dazu, ihnen Angst zu machen, wenn sie das Rhizinusöl nicht schlucken wollten, damals das gebräuchliche Abführmittel.

»Mach kein Theater. Du trinkst das sofort, oder ich rufe die schwarzen Männer, dann geht es dir wie Ripucci. Die werden schon dafür sorgen, dass du es nimmst!«

32

»Eine Kuh! Schnell, wir melken sie!«

Zum ersten Mal sah ich Willem so erregt; das überraschte mich, sodass ich ihn ansah statt des Tiers.

»Schnell!«

Es war eine schwarz gefleckte Kuh. Ihr pralles Euter mit den langen Zitzen baumelte bei jedem ihrer gemächlichen Schritte. Als sie uns kommen hörte, hob sie das Maul aus dem Gras.

»Wo ist mein Napf?«

Ich hatte schon so viel von den holländischen Milchkühen gehört, dass ich mir Holland als eine ungeheure Fläche voller Kühe und Tulpen vorstellte, daher fragte ich mich gar nicht, ob ein Schneider, der von dort stammte, denn auch melken konnte.

Er konnte es nicht. Das sah man schon daran, wie er behutsam eine Zitze zur Hand nahm und vorsichtig auf ihr herumdrückte. Leider begriff auch die Kuh, dass er nichts davon verstand. Sie muhte beleidigt und ging beiseite. Ich lieber auch.

»Willem, ist das das erste Mal?«

Es war das erste Mal. Aber er ließ nicht locker, und mit Beharrlichkeit und Mühe kam auch einige Milch zusammen. Allerdings dauerte es geraume Zeit. Einmal kippte der Napf um, einmal war die Kuh kurz davor, die Geduld zu verlieren, sie drehte sich um und muhte den Tollpatsch beleidigt an.

Trotz dieser Widrigkeiten war irgendwann der Napf gefüllt, und wir tranken genießerisch in großen Schlucken. Die warme, schaumige Flüssigkeit war eine Wohltat. Wir wischten uns den Mund mit dem Handrücken ab und freuten uns wie die Kinder. Herrlich!

»Komm! Wir gehen weiter!«

Der Tag war schön, und abends suchten wir uns einen trockenen, durch einige Bäume geschützten Rastplatz. Wir unterhielten uns während des Abendessens, und als wir satt waren, streckten wir uns zufrieden und still aus, eine große Erleichterung nach dem langen Tag.

Dann senkte sich die nächtliche Feuchtigkeit auf die Felder, und da er spürte, wie ich fröstelte, breitete der Holländer die Decke aus und rückte zu mir heran. Er lag auf dem Rücken, einen Arm unter dem Kopf, und aus alter Gewohnheit legte ich ihm den Kopf in die Achsel, wie ich es immer bei Oal gemacht hatte. Wenn ich mich dann auch nur ein bisschen bewegte, bekam Oal meine Haare in den Mund; dann grunzte er, ich solle aufpassen, schließlich seien Haare nicht essbar.

Willem sagte nichts. Er begann, sie vorsichtig zu streicheln, und da ich Zärtlichkeiten so lange hatte entbehren müssen, war es süß und schmerzlich zugleich.

So sprachen wir nicht weiter, sondern ließen unsere Finger die Konturen des Mundes des anderen suchen, die Augen, Brauen, Wangen erforschen. Unter Willems aufgeknöpftem Hemd spürte ich spärlichen, zarten Haarwuchs und strich ihn sanft hin und her, als würde ich ihn bürsten. Währenddessen richteten sich die Spitzen meiner schlaffen Brüste unter seinen Fingern auf und wurden hart.

Dann legten wir einander die Hände vorsichtig auf das Gesicht und zogen es heran. Unsere Lippen, die sich erst nur ganz sacht streiften, wurden kühner und begannen, rasche kleine Küsse zu tauschen. Endlich öffneten sie sich und spielten miteinander. Unser Blut floss wie dicke, warme, süße Schokolade.

Seit dem Winter trug ich unter der Lagerjacke nichts als ein fadenscheiniges Unterhemd, sodass Willem sich nur ein wenig anders hinzulegen brauchte, damit ich seinen zarten, warmen Schoß spürte. Sofort wünschte ich, dass er hinunterglitte, damit ich ihn tief in mir aufnehmen könnte.

Er versuchte es.

Er versuchte es und versuchte es wieder, aber es ging nicht. Unsere Hände begegneten einander, aber sie konnten nichts ausrichten: glatte, schlaffe Seidigkeit, mehr nicht. Als er es nicht mehr ertrug, dass unsere Bemühungen fruchtlos blieben, drehte sich Willem auf die Seite und drückte den Kopf auf den Boden. Mit kleinen, erstickten Schluchzern weinte er, wie ein ungerecht bestraftes Kind, und wie einem Kind streichelte ich ihm den Kopf.

»Nicht weinen!« Ich bedeckte sein Gesicht mit kleinen, liebevollen Küssen. »Nicht weinen, warte!«

Wieder streichelte ich ihn geduldig, und ich befeuchtete ihn, als könnte mein Mund ihm neuen Lebensatem einhauchen. Und tatsächlich, es gelang, mit kleinen Zuckungen, die allmählich stärker wurden, bis Willem sich aufsetzte und ich seinen Bart an meinem Gesicht spürte.

»Margriet!«

Ich spitzte die Ohren, um ihn zu verstehen.

»Margriet! O Margriet, Margriet …«

Er rief nach ihr, und es kränkte mich nicht. Wieder streichelte ich ihm das schweißnasse Haar, wortlos, nachdem er erschöpft zurückgesunken war; sein Herz klopfte, als wollte es ihm aus der Brust fliegen.

Schließlich legte er sich wieder auf den Rücken und bot mir seine Achselhöhle an.

»Danke!«, flüsterte er und streifte mir die Stirn.

33

Am Morgen war die Kuh nicht mehr da.

Wer weiß, wohin sie gegangen war; es enttäuschte uns jedenfalls sehr. Wir hatten verschwenderisch alle Milch getrunken, und jetzt mussten wir das harte Brot kauen, ohne etwas dazu zu trinken. Zudem gingen die Streichhölzer zur Neige, und Willem sagte, wir dürften nur noch abends Feuer machen.

»Es sei denn, wir begegnen einer guten Seele, die uns welche schenkt. Aber auf dieser verfluchten Straße trifft man ja keinen Menschen! Herrscht vielleicht Reiseverbot?«

Auch der Himmel kam in eine andere Stimmung. Nach

blauen, fast warmen Frühlingswochen überzogen ihn niedrige Dunststreifen. Die Sonne zeigte sich dann und wann, wurde aber immer trüber. Die Wolken waren nicht mehr weiß; Regen war das Letzte, was wir gebrauchen konnten.

»In Holland regnet es oft. Nicht wie in deiner schönen Heimat!«

Er kannte Italien aus Büchern und von Klischees, genau wie es mir mit den Niederlanden ging. Aber er wollte kommen. Ja, sobald es möglich wäre, würde er mich besuchen kommen, um die sagenhaften Schönheiten Italiens kennen zu lernen!

»Venedig, Florenz ... und Pisa, mit dem schiefen Turm!«

Ich versprach, ihm auch alte kleine Städte zu zeigen. Volterra zum Beispiel, hatte er schon einmal von Volterra gehört? Nein? Ein Juwel. Uralt, wunderschön, von düsterem Reiz. Wir mussten unbedingt zusammen nach Volterra!

»Wahrscheinlich wirst du sofort heiraten. Vielleicht bist du schon Mutter, wenn ich komme.«

Ich war aber sicher, dass man Oal erschossen hatte. Und sollten sie ihn ins Lager geschickt haben ... er hätte es nicht eine Woche lang überlebt. Bei seinem Charakter, nicht auszudenken! Der erste Kapo, mit dem er sich streiten würde, würde ihn kurzerhand umlegen. Kinder? In der Suppe von Birkenau waren gewisse Mittel. Wenn man nicht gerade schwanger ankam – nein, eine Frau, die das hinter sich hatte, konnte wohl keine Kinder mehr bekommen.

»Tut dir das Leid?«

»Ach wo!«

Ich hatte nie die Sehnsucht nach dem verspürt, was Tante Linda gerührt als »Blut von unserem Blute« bezeichnete. Oal genügte mir. Außerdem – alles andere wäre verantwortungslos, wenn man Kinder haben will, muss man in Frieden leben können, muss über Wohnung und Arbeit verfügen, nicht im Untergrund oder Widerstand leben. Für uns bedeutete die Möglichkeit eines Kindes Angst und Katastrophe.

»Mach mir bloß keinen Ärger!«, sagte Oal jeden Monat mit Blick auf den Kalender. Als ob er gar nicht mit von der Partie gewesen wäre, der Ärmste.

»Ach wo!«

Im Laufe des Tages wurde der Himmel immer grauer, Willem und mir verging sogar die Lust zum Reden. Wir wanderten lustlos und ließen nur ab und zu einen jener Sätze fallen, die vor allem bedeuten, dass man nichts sagen möchte und am liebsten in Ruhe seinen Gedanken nachgehen will: Der Himmel wird dunkler; vielleicht bläst der Wind die Wolken weg; Ob es wohl schon spät ist?

Schließlich tauchte ein Dorf auf, hübsch, klein; niedrige Häuschen säumten die Straße. Menschen waren keine zu sehen, aber die Fensterscheiben waren geputzt, und hinter ihnen hingen weiße Vorhänge. Außerdem war da ein Wirtshausschild aus Schmiedeeisen: »Zu den drei Kronen«, dort konnte man einkehren und etwas trinken.

»Vielleicht haben sie Streichhölzer für uns.«

Willem wollte das bezweifeln, normalerweise hätten Wirte kein weiches Herz. Wir sollten nicht zu viel erwarten. Sicher hatten sie auch ihm den Keller geplündert und alles verschleppt. Der war sicher aufgebracht. Nein, besser, wir klopften irgendwo anders an.

Wir standen vor einer dunklen Holzfassade, die ein Schriftzug schmückte. »Mit Gottes Hilfe und schwerer Arbeit erbaut von Joseph und Elisabeth Schillemberg A. D. 1802«.

»Hoffentlich macht nicht die Hausfrau auf!«

Die Hausfrau muss schließlich für Sauberkeit und Sicherheit sorgen, wie würden unsere Gesichter und die Lumpen, die wir am Leibe hatten, auf sie wirken?

Leider genügte ein Blick, um zu sehen, dass die Frau, die uns von der Schwelle aus ansah, die Frau des Hauses war. Sie wirkte nicht bäurisch, etwas in ihrem strengen Gesicht erinnerte mich an Tante Nella, wenn sie herausfinden wollte, wo ich wieder gewesen war.

Sollten wir es versuchen?

Willem erklärte ihr, uns seien die Streichhölzer ausgegangen, und wir brauchten so dringend welche. Wenn sie uns doch freundlicherweise, bitte …

Doch sie drehte sich um, weil eine Männerstimme von drinnen ungeduldig gerufen hatte.

»Liese! Liese!«

»Warten Sie.«

Sie schloss die Tür nicht, und wir blieben auf der Schwelle stehen. Der Hausflur war zugleich Esszimmer; in seiner Mitte stand ein Tisch mit Tischtuch und einem Sträußchen Immergrün. Die Stühle waren mit hellgelbem Stoff bezogen, und an der Wand gegenüber der Anrichte tickte feierlich eine große Standuhr.

»Wie schön!«

Das fand auch Willem, er nickte. Wie schön kann ein Haus sein!

»Kommen Sie herein, mein Bruder möchte Sie sehen.«

Wir durchquerten das Zimmer, darauf bedacht, den blitzsauberen Boden nicht mit unseren staubigen Schuhen zu beschmutzen. Die Frau führte uns in eine geräumige Küche. Dort entdeckten wir gerührt Gegenstände wieder, die wir seit langem nicht mehr gesehen hatten: Ordentlich aufgereihtes Porzellan, funkelnde Kupfergefäße an den Wänden. Die Kacheln waren blau und weiß, der Küchenherd hatte vernickelte Griffe. Es roch sauber und frisch.

Ein Mann saß am Fenster, das auf einen grünen Gemüsegarten geöffnet war; sein eines Bein lag auf einem Hocker. Er hatte dasselbe längliche, dunkle, knochige Gesicht wie seine Schwester, doch sein glattes, üppiges Haar war schlohweiß, und er wirkte älter, von den Jahren gezeichnet.

Woher wir kämen?

Doch gleich unterbrach er sich und rief aus dem Fenster, sie sollten mit dem Krach aufhören. Draußen waren Stimmen zu hören, Kinder spielten im Garten.

Sofort waren sie still. Er schaute uns lange forschend an.

Wohin? Nach Schwerin? Alle gingen nach Schwerin oder kamen von dort. Unsere Nationalität?

Als er hörte, dass ich Italienerin war, belebte sich sein Gesicht, und seine Stimme wurde etwas weniger kühl.

Ach, das schöne Italien! Er hatte während des »Großen Kriegs« auch in Italien gekämpft.

»Und wie werden sie diesen Krieg nennen?«, unterbrach ihn die Schwester, die mit dem Rücken zum Fenster stand; hin und wieder drehte sie sich um und beobachtete die Kinder, die jetzt ohne Geschrei spielten. Vielleicht waren sie auch weggegangen.

Verärgert, dass sie ihm ins Wort gefallen war, schüttelte der Mann den Kopf. Dann wandte er sich unvermittelt der Vergangenheit zu und beschwor mit dem genauen Erinnerungsvermögen der Alten jenen ersten Krieg herauf.

Er hatte einer der deutschen Divisionen angehört, die zusammen mit neun österreichischen Divisionen die Vierzehnte bildeten. Ja, die vierzehnte Armee unter General von Bülow. Er hatte es noch vor Augen, das erste italienische Dorf, in das sie einmarschiert waren. Nur noch ein, zwei Gänse waren dort, die auf einer Wiese weideten. Ah, diese Gänse! Die Männer hatten sie mit solcher Gier gerupft, dass ihnen die Federn in den Haaren hingen! Und sie hatten die Vögel sofort gebraten. Wie lange hatten sie nicht mehr den Duft eines Gänsebratens geschnuppert!

Wenn er daran dachte, er hatte ihn immer noch in der Nase!

Er ging sehr ins Detail, was seine Zeit dauerte. Zum Glück unterbrach ihn irgendwann ungeduldig seine Schwester.

»Kurt, die Leute wollen nach Schwerin. Sie brauchen Streichhölzer.«

Widerwillig kehrte er aus den Gefilden der Jugend zurück.

Streichhölzer? Ja, er konnte uns welche geben. Lise solle doch eine Schachtel holen. Brauchten wir sie, um das Wasser heißzumachen, für Kaffee? Für Tee? Tee oder Kaffee konnten sie uns nicht geben. Schließlich waren da die Kinder. Die kleinen Großneffen aus Köln waren bei ihnen untergekommen.

Er schüttelte den Kopf, als wollte er gleich sagen: »Ach, dieser Krieg!«

Doch er presste nur bekümmert die Lippen zusammen. Dann rief er wieder nach seiner Schwester: Ob sie für uns noch eine Kleinigkeit in der Speisekammer auftreiben könne?

»Liese! Liese!«

Sie rief zurück, sie werde nachschauen, und er seufzte.

Ach, was war das Leben? Als junger Mann hatte er in Italien gekämpft, dann war er in Frankreich verwundet worden. In diesem Krieg hatte der Vater der Kleinen, sein Neffe, in Frankreich gekämpft und war dann in Italien verwundet worden. Was war das Leben? Ein kreisendes Rad.

Dass es so blutig kreiste, schien er als gegeben zu akzeptieren: Für ihn war der Krieg ein Teil des Männerlebens. Was Frauen anging, da verstand er die Gegenwart nicht mehr. Zu seiner Zeit kümmerte sich der Krieg um Frauen nur, um sie zu vergewaltigen, sie zu Waisen, Witwen, Flüchtlingen zu machen; das sei das Los der Frauen.

Er bemerkte die Häftlingsnummer, die mir in den Arm tätowiert war, und fragte, ob das eine italienische Sitte sei.

Da erzählte ich ihm einiges aus Birkenau. Er hörte zu und schlug irgendwann die Augen nieder.

»Das haben wir nicht gewusst«, sagte er leise.

»Woher auch? Hier hat niemals jemand etwas erfahren!« bemerkte seine Schwester laut. Sie schnürte gerade ein Päckchen mit einigen Kartoffeln, den Streichhölzern und einem Stück Brot. »Wir haben auch zu leiden gehabt. Oh, was haben wir gelitten! Wie viele Bombenangriffe, wie viele Tote! Meine Großneffen ...!«

Sie ging zum Fenster, beugte sich hinaus, um in den Garten zu sehen, dann sah sie wieder uns an, und ich dachte, jetzt würde sie uns auffordern, zu den Kindern hinauszuschauen. Nein, sie packte weiter und sagte nur noch, viele seien in den Trümmern umgekommen. Die Mutter der Kinder zum Beispiel; sie selber seien nur durch ein Wunder gerettet worden. Der Kleinste hatte bei dem Angriff das Augenlicht verloren.

»Mehr können wir Ihnen nicht geben«, bedauerte ihr Bruder. »Sie verstehen, auch wir ... Bis Schwerin sind es noch rund vierzig Kilometer, Sie sind so gut wie da.«

Sein Tonfall machte klar, dass wir jetzt entlassen waren. Wir nahmen das Päckchen, sagten »*Danke schön*«. Schweigend brachte Liese uns zur Tür und zog sie sofort zu, als wir hinaus waren.

»Bei uns«, sagte ich zu Willem, »geht das anders. In Italien hätten sie uns aufgefordert, uns hinzusetzen, und hätten uns etwas zu trinken angeboten. Sie hätten die Kinder gerufen. Warum sollten sie uns nicht Leid tun? Was können sie denn dafür, die Kleinen?«

Um ihm deutlich zu machen, was ich meinte, berichtete ich von dem Tag, als ich zu Brogin gehen wollte und mich im Wald verlaufen hatte.

34

»Wenn du vor Brogins Haus stehst«, hatte Vincenzo gesagt, »dann sieh dir genau die Fenster an. Wenn in dem an der Ecke rechts ein Topf Geranien steht und in den anderen nichts, dann heißt das, an dem Tag geht es nicht, und es heißt aufpassen. Dann geh weiter bis zum Dorf und nimm den Bus. Wenn Wäsche aufgehängt ist, dann geh hinein und frage, ob sie Kastanien haben, so gute wie die, die du am Donnerstag gekauft hast. Dann wird Brogin dich führen.«

Sie wanderten in einer stillen Gasse auf und ab, Vincenzo hatte sie untergehakt, und immer wieder drückte er sie, als wären sie ein Liebespaar. So machten sie es immer; Vincenzo meinte, an diesem romantischen Ort wirke ein Pärchen unverdächtig.

»Wenn du durch den Wald gehst, kommst du schneller hin, und sicherer ist es auch. Wenn dich irgendwer anhält, sagst du, du willst Brennholz oder Kastanien sammeln; dagegen kann keiner etwas sagen.«

Dummerweise hatte Elmina einen regnerischen Tag erwischt, sodass die Pfade, auf denen sie die Strecke abkürzen wollte, durch das Gemisch von nassem Laub, leeren Kastanienschalen und Matsch unkenntlich wurden. Es hatte offenbar die ganze Nacht über in Strömen geregnet, und jetzt ging es sachte, aber beständig weiter. Nebel waberte zwischen den Bäumen, der Wald war ein Rauschen von Wasser und Schlamm. Elmina schwitzte. Wo war bloß der Weg geblieben? Je mehr sie versuchte, sich zu orientieren, desto unsicherer wurde sie. Sie ging vor und zurück, suchte hin und her, ohne sich für eine Richtung entscheiden zu können. Die Straße lag weiter oben am Berg, nur das war sicher.

Sie kletterte nach oben, sank bisweilen bis zum Knie in das feuchte Laub; ihre Schuhe waren zwei Matschklumpen, was den

Aufstieg noch beschwerlicher machte. Sie war nass geschwitzt und am Ende ihrer Kräfte, der Regen lief ihr übers Gesicht, die Hände waren zerschrammt und verdreckt. Endlich sah sie durch den Nebel eine einsame Hütte im Wald liegen. Sie ging hin und klopfte an. Es musste jemand zu Hause sein, denn aus dem Schornstein quoll etwas Rauch, der in der feuchten Luft stand. Sie klopfte noch einmal. Die grün gestrichene Holztür war mehr schlecht als recht in der Mitte durch einige aufgenagelte Bretter verstärkt; der Griff stammte von einem Möbelstück. Eine Tür, die darauf schließen ließ, was für eine ärmliche Küche sich dahinter verbarg.

Als man ihr öffnete, sah sie drinnen einen Mann, der die Hände zur offenen Klappe eines jener niedrigen ovalen Öfen mit zwei Feuerstellen ausstreckte, wie man sie auf dem Land zum Heizen und Kochen verwandte. Auch seine in dicken grauwollenen Strümpfen steckenden Füße hielt er dicht ans Feuer. Eine Kappe aus derselben Wolle saß ihm auf dem Kopf, eine weiße Katze hatte sich in seinem Schoß zusammengerollt.

Er drehte sich halb zu Elmina, die auf der Schwelle stand. Seine gichtige, dunkelbraune Hand ließ er nicht von der Katze.

Die Frau, die Elmina geöffnet hatte, schaute sie misstrauisch und forschend an; ihre kleinen Augen funkelten in einem faltigen, müden Bauerngesicht. »Was wollen Sie? Was suchen Sie?« Um den Kopf trug sie ein schwarzes Tuch, und schwarz, mit einigen weißen Strähnen darin, war auch das Haar, das rechts und links darunter hervorschaute.

»Zu Brogin? Und warum gehen Sie dann bei dem Hundewetter durch den Wald? Zum Kastaniensammeln ist das der falsche Tag. Jetzt sind sogar die Schalen weg!«

»Stehen Sie nicht in der Tür, kommen Sie herein!«, sagte der Mann.

Als Elmina auf den Ofen zutrat, sprang in der Ecke ein Hund

auf und begann zu bellen. Sein Herr brachte ihn zum Schweigen. »Still, kusch!«

Die Frau starrte Elmina immer noch verwundert an, sie konnte es gar nicht fassen.

»Wie kann man nur bei diesem Wetter losgehen! Also wirklich, hat es in Genua denn nicht geregnet?« Da könne man mal wieder sehen, dass die Wolken allen Regen in den Bergen ließen, auch der Himmel sei ganz durcheinander. Von Brogin wisse sie nichts, vielleicht sei er zu Hause im Warmen, vielleicht aber auch unterwegs, um nachzusehen, ob die Regengüsse der Nacht irgendwelche Schäden angerichtet hatten. Ob sie eine Verwandte von ihm sei?

»Relia, gib ihr was zu trinken«, unterbrach sie der Mann im Dialekt. Dann sagte er, Elmina solle den Regenmantel ausziehen, und deutete auf einen kleinen Stuhl, so niedrig, dass der Widerschein des Feuers Elminas ganzen Körper erreichte, wohlig wärmend. Genau deswegen, erklärte er, die Wörter im ligurischen Dialekt verschleifend, sei der Stuhl so niedrig, bei einem üblichen Stuhl würde man nur warme Beine bekommen.

Er stocherte mit einem Stöckchen im Feuer. Aus der Nähe gesehen war er weniger alt, als es zunächst den Anschein hatte, aber sein Körper war von der mühseligen Arbeit gezeichnet, er wirkte wie aus dunklen, knorrigen Wurzeln gemacht. Relia goss unterdessen Wein, den sie in einer Tasse auf dem Ofen gewärmt hatte, in ein Glas und tat einen Hauch Zucker dazu.

»Kaffee haben wir keinen!«

Elmina sagte, sie könne sich schon gar nicht mehr an den Geschmack von Kaffee erinnern. Freilich, für Geld bekäme man auch Kaffee, es gebe Leute, die täglich welchen tränken. Fleisch aßen sie auch! Und statt eineinhalb Brötchen, wie von der Rationierung vorgesehen, hatten sie drei oder vier!

»Ja, für Geld«, nickte die Frau. »Für Geld kriegt man alles. Die

Armen sind die Dummen. Wir bekommen, was auf den Karten steht, und Schluss!«

Sie unterhielten sich weiter über die Lebensmittelkarten, und auch die beiden kannten den traurigen Witz mit der Goldmedaille zum Gedenken an den braven Bürger, der sich tatsächlich mit der Zuteilung begnügt hatte. Freilich gab es auch Leute, die dank vielerlei Schlichen mehr als nur eine Ration ergatterten. Gewusst wie, man musste sich eben die Angestellten gewogen machen – wieder eine Frage des Geldes.

Der Mann schloss, mit Geld lasse sich alles heilen, außer der Tod. Das habe Christus so eingerichtet, und daran hatte er gut getan! Wir kommen alle auf dieselbe Weise zur Welt und müssen sie alle irgendwann wieder verlassen. Wenn das nicht so wäre, würden die Reichen ja ewig leben!

Der Wein und die Ofenwärme tauchten Elmina in eine angenehm taumelige Benommenheit. Sie hatte die Katze auf den Schoß genommen und streichelte sie, das Tier schnurrte zufrieden mit halb geschlossenen Augen. Jetzt hinauszugehen und Brogin zu suchen, das war ein wirklich scheußlicher Gedanke.

Trotzdem, es musste sein. Sie erkundigte sich, ob sie nach rechts oder links müsse, oder besser immer geradeaus?

»Bring sie zur Straße«, sagte die Frau. »Dann ist sie in fünf Minuten dort. Sonst verläuft sie sich gleich wieder, und es wird bald dunkel.«

Musste sie denn wirklich zu Brogin? Das wollte ihr der Mann noch nicht recht glauben.

»Nie jemandem trauen!« Oal hatte es ihr beigebracht, Vincenzo hatte ihr immer wieder eingeschärft. »Nie jemandem trauen, vergiss das bloß nicht!«

Andererseits, dachte sie, müsse sie ja nun antworten, und sich noch einmal zu verlaufen, das wollte sie auch nicht riskieren.

Die Bewegungen, mit denen sie die Katze streichelte, wurden nervös, als sie erklärte, eine Cousine hätte sie schon bei Brogin angekündigt, und er sei bereit, ihr ein paar Kilo Kartoffeln und Kastanien zu verkaufen. Wenn sie nicht komme, würde er sie am Ende jemand anderem geben!

Das bestritt der Mann: Auf Brogins Wort könne man sich absolut verlassen. Und wenn die Sache schon abgemacht war, dann …

Unangenehm berührt, schien Elmina auch in diesen Worten wieder eine gewisse Wachsamkeit zu bemerken. Sie stand auf und ging zu dem winzigen Fenster, als wollte sie nach dem Wetter schauen. Sie hielt die Hände vor die beschlagene Scheibe, sah aber im Nebel nichts als ein paar kahle Äste. Der Regen war so fein, dass man ihn kaum wahrnahm. Während Elmina hinaussah, besprachen die beiden sich flüsternd miteinander. Schließlich meinte die Frau, Kastanien könnten sie ihr auch einige Kilo verkaufen, zu einem anständigen Preis. Kurz war Elmina unschlüssig. Bei Brogin musste sie auch noch etliches mitnehmen, der Tarnung halber, das hatte Vincenzo gesagt.

»Du nimmst die Landstraße und später im Dorf den Bus. Wenn du kontrolliert wirst, sind Kartoffeln und Kastanien das beste Alibi.«

Würde sie so viel tragen können? Sie zweifelte daran, konnte noch nicht wissen, dass sie eines Tages in Birkenau Zementsäcke würde schleppen müssen.

»Und wenn Brogin nicht da ist? Dann sind Sie umsonst nass geworden!«

Also entschied sie sich. Eine Weigerung hätte verdächtig gewirkt, und so kaufte sie die Kastanien ohne weiteres Hin und Her. Unterdessen schlüpfte der Mann in die Stiefel, die neben dem Ofen trockneten.

»Ah! Christus sollte den Regen anhalten!« Er reckte sich mühsam, litt offenbar unter Kreuzweh.

Sie traten in das feuchte Nebelgrau hinaus. Der Mann führte

sie bis in Sichtweite der Straße. »Von da aus finden Sie sich zurecht.«

Er grüßte knapp und kehrte um; der Regen tränkte ihm die Kleidung, die eben erst am Ofen getrocknet war. Elmina ging zur Straße, riss ein Büschel Gras aus und versuchte, damit den Matsch abzustreifen, der schwer an ihren Schuhen klebte.

Nach der Mühe im Wald ging es sich auf dem Straßenasphalt bequem, und sie schritt mit baumelnder Kastanientasche kräftig aus. Relia, Aurelia. Die Leute hier kürzten gern die Namen ab. Aus Artemisia, Oals Schwester, war Misia geworden. Vincenzo war als Cen bekannt. Oal – der so nur bei ihr hieß – wurde als Alberico Rico gerufen, manchmal auch Richin. Einmal hatte er sie mit einem Satz im Dialekt zum Lachen gebracht, der ebenso gut Chinesisch hätte sein können: »Mia, Cen. Cieouve, cian cianin ma cioeuve« – für »Mira, Vincenzo. Piove, pian pianino ma piove« – »Schau mal, Vincenzo, es regnet. Ganz sacht, aber es regnet.«

In diese Gedanken vertieft, immer »Cen, cieouve cian, cian« auf den Lippen, kam sie leicht voran. Brogins Haus tauchte fast unvermittelt vor ihr auf. Gleich sah sie nach den Fenstern – an dem ganz rechts leuchteten Geranien, sonst standen nirgends welche.

Also streifte sie das Gebäude nur mit dem gleichgültigen Blick einer Passantin und ging weiter. Das Dorf mit der Bushaltestelle war ein gutes Stück entfernt. Als sie es gerade noch rechtzeitig erreichte, taten ihr die Beine weh. Ein Glück, dass sie die Kastanien dabeihatte: An einer Haltestelle stiegen tatsächlich drei Milizionäre ein, die, um sich aufzuspielen, die Passagiere mit finsterem Gesicht ausfragten und sämtliche Gepäckstücke kontrollierten. Beim Anblick von Elminas Kastanien schüttelte der eine den Kopf.

»Für ein paar halb faule Kastanien so nass werden! Was ist los, reicht euch die Ration nicht?«

35

»Wenn ich zu Hause bin, dann bringe ich den beiden im Wald ein Geschenk!« Mein Kopf ruhte wieder auf Willems Schulter, mein Arm auf seiner Brust, doch ereignete sich nichts Ähnliches wie in der Nacht davor.

Wir lagen nebeneinander und unterhielten uns vertraut wie wahre Freunde, frei von der Lust, die dennoch als Echo eine ruhige Zärtlichkeit zwischen uns hinterlassen hatte.

Willem nickte. Leider würde er, wenn er nach Middelburg zurückkam, keinen Grund für Dankgeschenke haben. Dann rechneten wir aus, wie viele Tage wir bis zu der sagenhaften Brücke theoretisch noch brauchen würden, wenn die Kilometerangabe des Exsoldaten stimmte. Schließlich waren wir jeden Tag erschöpfter und kamen langsamer voran. Vielleicht, wenn wir uns anstrengten … Drei Tage? Das kam uns wunderbar vor, geradezu unglaublich. Drei Tage, und dann die Brücke!

Also wünschten wir einander mit einigen zärtlichen Küssen gute Nacht und schliefen zufrieden ein. In derselben Stellung wachten wir am Morgen auf, steif und bis ins Mark durchgefroren. Aber was soll's! Wir hatten schon so viel Geduld gehabt. Nur noch drei Tage …

Im Dorf hatten wir nicht daran gedacht, unsere Wasserflasche aufzufüllen, so mussten wir auf den heißen Tee verzichten. Was soll's! Wir waren entschlossen, allen Widrigkeiten mit nachgiebiger Beharrlichkeit zu begegnen und sie so zu überwinden. Nur Geduld!

Ein Schlückchen Schnaps wappnete uns für den Tag auf der Straße. Wenn sich wenigstens die Sonne zeigen würde! Die Feuchtigkeit machte uns die Beine schwer.

Wir hatten Glück. Nach und nach lichtete sich die Wolkendecke, man sah himmelblaue Stückchen, und schließlich kam die Sonne: groß, wohltuend, schön. Die göttliche Sonne! Die

Menschen der Antike hatten schon Recht, dass sie die Sonne anbeteten.

Trotzdem fehlte uns die Tasse heißer Tee; das gummiartige Brot, das wir kauten, konnte sie nicht wirklich ersetzen. Also beschlossen wir beim Anblick einer kleinen Gruppe von Siedlungshäuschen, eine Pause einzulegen und an einem Brunnen die Flasche nachzufüllen. Mit etwas Warmem im Bauch würde es sicher besser vorangehen.

»Gehen wir zu einem Haus?«

Willem fürchtete, das wäre zwecklos. Proviant für drei Tage hatten wir noch, was sollten wir da viele Worte machen, um uns zu erklären. Eine schöne Tasse heißer Tee, und dann gleich wieder los. Verflucht nochmal, die Brücke von Schwerin erwartete uns!

Wir kamen zu dem ersten Haus, das etwas abseits von den anderen mitten auf einem Feld lag. Länglich und flach war es, überragt von einer Scheune aus dunklen Bretterwänden, und neben ihm, auf einem kleinen Vorplatz, rann klares Wasser in eine Tränke.

»Willem, schau mal, das Fohlen!«

Auf einer kleinen Koppel hüpfte ein Fohlen um seine Mutter; ich ging sofort hin, um ihnen zuzusehen, während Willem die Flasche füllte.

Warum kam er nicht, das Fohlen ansehen? Wir brauchten doch auch kein Feuer zu machen, wenn wir einfach in das Haus gingen. Vielleicht würde man uns dort auch Milch geben.

»Schau mal, da!«

Ein vielleicht zweijähriges Mädchen kam auf seinen Knubbelbeinchen unsicher aus dem Haus getapst. Sofort holte ein junges Mädchen mit roter Schürze es ein: *»Komm!«*

Als sie uns sah, hielt sie inne. Die Kleine am Kleidchen festhaltend, musterte sie uns.

»Habt ihr ein bisschen Milch für uns?«

Das war eine schlichte, höfliche Frage, und ich glaube, Willems Deutsch war ganz ordentlich, doch das Mädchen antwortete nicht und glotzte uns weiter an, als wären wir Jahrmarktsfiguren, während die Kleine sich loszustrampeln versuchte. Also hielt Willem ihr zur Verdeutlichung seinen Napf hin.

»Milch, bitte!«

Das Mädchen mit der roten Schürze starrte nur wortlos zu uns her. Dann drehte sie sich um, lief ins Haus und schloss die Tür.

»Was für eine Art! Wirklich freundlich!«

Wir sahen einander an, eigentlich eher amüsiert als beleidigt durch die flegelige Art, als wir aus dem Haus einen Stimmenwechsel hörten. Ein Mann und eine Frau stritten sich zornig über etwas und versuchten einander zu überschreien.

»Verstehst du, was sie sagen?«

Willem strengte sich an, schüttelte aber resigniert den Kopf. Das war ein unverständlicher Dialekt.

Nach einigen Minuten flog die Tür auf. Mit langen, wütenden Schritten kam ein großer, trotz seines Alters kräftiger Mann heraus und ging entschlossen auf uns zu. Er trug blaue Leinenhosen, wie auf dem Land üblich, und darüber eine große Schürze aus Wachstuch. Auf seinem Kopf saß eine Schirmmütze, und ich zuckte zusammen, weil ich kurz jenen Mann zu sehen glaubte, der mir auf dem Bauernhof als die rachsuchende Inkarnation des Todes erschienen war.

»Was ist los? Was geht hier vor?«

Wieder wies Willem ruhig den Napf vor. Ob sie bitte etwas Milch für uns hätten?

»Nein«, sagte der Mann. »Nein. Wir haben nichts. Geht weg. Los, weg!«

Er machte auf dem Absatz kehrt und ging wieder ins Haus. Wir schauten uns bestürzt an.

»Hast du das gehört?«

»Wir gehen aber nicht.« Auf einmal war Willem rot im Gesicht und ganz aufgebracht. »Wir bleiben hier und machen unser Feuer an, und wir bleiben, solange es uns gefällt. ›Los, weg!‹ Für wen hält der sich eigentlich?«

»Merde!«, versetzte ich ebenso nachdrücklich, wie Jeannette es getan hätte. Doch als ich einen Hund bellen hörte, bekam ich Gänsehaut und griff Willems Arm.

Der Hund!

»Keine Angst, ich habe meinen Stock. Denkst du, sie wollen die Hunde auf uns hetzen? So grausam werden sie nicht sein.«

Er wollte mich beruhigen, doch mit jeder Minute wuchs meine abergläubische Angst vor diesem Mann, ließ mir das Blut in den Adern stocken und legte sich mir wie eine Schraubzwinge um den Kopf. Mehr als die brutalen Worte machte mir die Schirmmütze zu schaffen; auf einmal hatte ich sogar wieder den Aasgeruch aus dem Keller in der Nase.

»Lass uns gehen, Willem, bitte! Mir gefällt es hier nicht, ich fürchte, gleich passiert etwas! Komm, lass uns gehen. Willem, bitte!«

Er entgegnete beleidigt, das könnten wir nicht, absolut nicht. Zu gehen würde bedeuten zu gehorchen. Hatten wir nicht genug gehorcht? Hielten die sich immer noch für Herrenmenschen, für welche, die Angst einjagen und sich Gehorsam verschaffen dürfen? Sollten wir ihnen wirklich diese Genugtuung gönnen?

Nein. Er dachte ja gar nicht daran zu gehen. Die Lagerzeiten waren vorbei!

Das Mädchen tauchte in der Tür auf, wie um zu prüfen, ob wir noch hier waren. Dann ging auf einmal alles sehr schnell.

Gebieterisch das Mädchen beiseite schiebend – es prallte unsanft an die Wand –, kam eine Frau aus dem Haus. Obgleich groß und schwer, war sie schnell zu Fuß auf ihren Säulenbeinen, die weiß unter dem Saum des zu kurzen schwarzen Kleides hervorschauten.

Sie schrie, ihr Haus sei kein Hotel. Die Russen seien hier gewesen, die Polen seien hier gewesen, was wollten wir jetzt noch von ihnen? Sie hätten schon alles gestohlen. *Oh, Schweine, verfluchte!*

Empört packte Willem seinen Stock und machte einen Schritt auf die Frau zu.

»Wir verlangen viel weniger, als ihr uns schuldet!«, rief er wütend. »Viel weniger! Ihr *merde*! Nach all dem, was ihr uns angetan habt! Da wagst du es, uns anzuschreien? *Du Schwein! Verfluchtes!*«

Mittlerweile war auch der Mann mit der Schirmmütze aufgeregt dazugekommen.

»Christel! Komm weg, Christel! Lass sie!«

Nein, sie wollte uns durchaus nicht lassen. Sie schob den Alten beiseite und schoss wie blind vor Hass auf Willem zu. Der hob den Stock, um sich zu verteidigen, und knickte in demselben Augenblick zusammen. Er griff sich an die Brust, dann stürzte er um wie gefällt.

»Willem, Willem!«

Ich schrie, schüttelte ihn. Ich knöpfte sein Hemd auf und rief seinen Namen, massierte ihm die Brust. Ich goss ihm kaltes Wasser ins Gesicht, das das Mädchen an der Tränke geholt hatte.

»Willem!«

Doch auch der Schnaps, den sie mir brachten und von dem ich ihm einige Schlucke einzuflößen versuchte, zeigte nicht die geringste Wirkung. Seine Augen waren glasig, seine Nase wurde schmal, das Gesicht erstarrte. Ich wollte das Leben daran hindern, ihn zu verlassen, und drückte ihn fest, immer fester an mich, warf mich über ihn, rief nach ihm, streichelte ihn. Warum, warum musste er sterben?

Dann wurde er kälter, bis ich an meiner Wange nur noch die Starre des Todes spürte.

»So tut doch etwas!«, schrie ich verzweifelt.

Der Alte schüttelte den Kopf und nahm die Mütze ab. *»Kaputt«*, sagte er. *»Kaputt.«*

★ ★ ★

Wer hat mich unter diesen Baum gebracht? Warum liege ich unter einem Baum? Mein Kopf tut so weh, liege ich auf einem Stein? Und im Rücken habe ich noch einen. Mama, das tut so weh.

So weh, so weh, so weh. Elmina, du Dummkopf, niemand kann dich hören. Jetzt sterbe ich, es ist schon so viel Zeit vergangen. Nein. Ich sterbe nicht, sie sind nicht gekommen, und es heißt doch, wenn einer stirbt, kommen alle an sein Bett.

Oal, Oal muss auch kommen. Und Willem und Margriet. Au! Da sind Ameisen. Es ist ja schon Mai. Im Mai haben wir viele Rosen im Garten. Linda, komm dir die Rosen ansehen! Der Garten hat eine Bombe abgekriegt. Bomben, Bomben, Bomben. Oh Mama, ich spüre die Bomben im Kopf.

Im Mai singen sie in Montolivo Litaneien, komm Willem, wir singen auch welche. Rosa mistica. Stella matutina. Regina virginum. Refugium peccatorum. Ich gehe zu den Russen und erzähle, dass sie Willem umgebracht haben. Ja, sie haben ihn umgebracht und sich im Keller versteckt. Ich sage es den Russen, die bringen euch alle um, ihr Schweine.

Durst. Gebt mir was zu trinken. Warum ist es so heiß? Mama, mir brennt alles. Gib mir zu trinken. Ich brenne, es brennt, Leontina, das Höllenfeuer. Dummerchen, du hast Fieber, das ist die Sonne. Grüß Gott, du schöner Maien, da bist du wiedrum hier, tust Jung und Alt erfreuen mit deiner Blumen Zier, Kinder, lernt Gedichte, wer keine Gedichte kann, kriegt Fieber, eine Vier in Betragen, wer keine Gedichte lernt.

O Gott, ein Motorrad. Warum kommen jetzt Motorräder?

Weg! Geht weg! Die tun mir im Kopf weh, sie fahren mir durch den Kopf. Komm, Willem, wir gehen hier weg. Der Tod kommt mit dem Motorrad, schnell, wirf die Flasche weg! Nein, gib mir zu trinken, ich habe Durst, Durst. Willem, gib mir zu trinken. Mama, ich hab so Durst. Ich muss Trauer tragen, weil Willem tot ist. *Schma Israel Adonai elocheinu, Adonai echad.* Höre Israel, der Herr ist unser Gott, der Herr ist einzig. Du Sau, jetzt nehme ich den Stock und schlage dich tot. Oal, Oal! Wer beißt mir da in den Kopf? Wo ist der Hund? Marcolino, nicht weglaufen, das macht es nur noch schlimmer. Nicht weglaufen, nicht weglaufen! Mama, der Hund beißt mich. Da ist der Hund. Der HUND!

36

»Tiens! Elle va ouvrir les yeux!« Von ganz Nahem klang das und bewegte mich dazu, tatsächlich die Augen aufzumachen.

Wer war das? Wo war ich? Ich konnte den Baum nicht sehen. Trotzdem, da musste doch ein Baum sein. Ich erinnerte mich verschwommen. Nein, ich lag auf einem Pferdewagen, neben mir saßen drei Männer. Der vierte auf dem Kutschbock hielt die Zügel und trieb ein lustloses Pferd an.

Sie lächelten mir zu. Wie es mir ginge? *Oh, là, là!* Man konnte ja sehen, dass es mir schon viel besser ging!

Der Älteste, ein dunkles, gedrungenes, kahlköpfiges Männlein, das die anderen »Docteur« nannten, erzählte mir, sie hätten mich an einem Baum lehnend gefunden und gedacht, ich sei tot. Ich wäre ja nicht die Erste, die am Straßenrand verreckte!

»Viele haben an den ersten Tagen nach der Befreiung viel mehr gegessen«, erklärte er, »als ihr geschwächter Organismus vertrug. Und dann ...«

»*Merde*! Krepieren, wo du endlich nach Hause kannst, das ist ein Scheißpech!«, rief der blonde junge Mann neben mir. »Das ist doch das Schlimmste! Da hätte man auch gleich im Lager krepieren können!«

Dummes Zeug, meinte der »Arzt«. Und die Freude? Die Freude darüber, frei zu sein, wieder Mensch zu sein, was war mit der? Und wenn man auch nur für einen einzigen Tag sagen konnte: »Ich bin frei und gehe nach Hause«, das würde sich schon lohnen.

Bernard war, als sie mich gefunden hatten, abgestiegen und hatte nachgesehen. Ich war nicht tot, aber viel fehlte nicht. Ich phantasierte, hatte hohes Fieber. Also hatten sie mich mitgenommen.

»Für den Arzt«, unterbrach der Dürre, der die Beine außen am Wagen hinabbaumeln ließ, »ist das ja ein gefundenes Fressen. Endlich hat er wen zum Kurieren. Nach der langen Zeit beim *Scheißkommando*.«

Ich verstand nicht, ich war so müde. *Scheißkommando*? Warum?

Als Strafe. Als er auf der Krankenstation arbeitete, versuchte er, seinen Kameraden zu helfen, also hatte man ihn zu den Latrinen versetzt. Er hatte noch Glück, weil er Soldat war und kein Politischer, mit den Politischen machten sie ja kurzen Prozess. Ah, ich konnte mich glücklich schätzen, seine Pillen hatten mich nicht umgebracht. An den ersten Tagen nach der Befreiung stank er noch, als hätte sich der Latrinengeruch in seiner Haut festgesetzt. In einem Haus hatte er Parfüm genommen, aber das hatte nicht genügt. Vielleicht ein paar Liter ... Also ehrlich, ein Arzt, der nach Scheiße stinkt, da wird einem doch übel, statt dass er einen heilt!

Bescheiden korrigierte der »Arzt«, er sei nur Krankenpfleger, mehr nicht. Aber ein staatlich geprüfter, und er arbeite im Krankenhaus von Saumur. Schon mal in Saumur gewesen? Ah, da wusste ich nicht, was schön ist! Er hatte mir viel Aspirin gegeben, das einzige Mittel, das er in der Lagerapotheke gefunden hatte. Obwohl, Krätzesalbe hätte es da auch noch gegeben.

»Krätze?« Ich setzte mich ein wenig auf, um den anderen nicht allen Platz wegzunehmen. Völlig zerschlagen fühlte ich mich, schwach, und vor allem, als würde ich träumen. Die Gegenwart hatte keine Verbindung mit der Vergangenheit, dazwischen war dichter Nebel. Je mehr ich versuchte, ihn zu durchdringen, desto verwirrter wurde ich.

»Bald sind wir in Schwerin«, meinte der Dürre.

»An der Brücke von Schwerin?«

Ja, dort. Wollte ich nicht dorthin?

Doch. Ich allein? Aus dem Nebel trat der Name Willem. Willem, der Holländer. War das neben mir sein Rucksack? Er hatte ihn mir doch nicht gegeben. Niemand hatte ihn mir gegeben. Warum war er dann hier? Hatten sie den auch unter den Baum gelegt?

Der Baum, der Baum ... viele Zweige, viele Blätter. Ich sah die Sonnenstrahlen, wie sie durch das Grün fielen. Oh, was tat mir der Kopf weh, als ich versuchte, mich zu erinnern.

»Na, das können Sie alles wegwerfen!«, sagte der »Arzt«, als ich meine Tasche öffnete. Jemand hatte sie in Willems Rucksack gestopft, sie enthielt nur noch schmutzige Krümel.

Wann war das passiert? Was war passiert?

Ich tastete mich vor. Willem, Willem ... Der Klang rief kein Echo hervor. Willem.

»Was haben Sie alles erzählt!« Bernard, der Jüngste und Fröhlichste, lächelte. »Sie haben sicher alle Ihre Geheimnisse ausgeplaudert, aber keine Angst. Von uns versteht keiner Italienisch!«

Das Pferd trottete vor sich hin, Häuser kamen in Sicht. Vor einem Gasthaus standen mehrere Wagen, unter einer Blätterlaube saßen Männer an langen Tischen. Der »Arzt« meinte, wir sollten eine Pause machen, dann könnten wir bequem an einem

Tisch essen und hören, ob die anderen etwas Wissenswertes erzählten. Einverstanden?

Ja, alle waren einverstanden. Was war er doch klug geworden bei dem *Scheißkommando*! Also: Aussteigen die ganze Gesellschaft. Alle? Nein, einer musste Wache halten, oder wollten sie sich etwa im letzten Moment den Wagen klauen lassen?

Sie stritten ein wenig, dann stand fest, dass Jean mit den langen Beinen zurückbleiben sollte. Wir stiegen ab, während er brummelte, er habe wirklich die Nase voll. Seit zwei Jahren nichts als Ärger mit denen!

Unter der Laube hallten die Stimmen, es war ein Treiben wie am Markttag. Mir wurde schwindlig, und ich musste mich an Bernard festhalten. Der sagte, das sei der Hunger.

»Da gehen welche weg! Schnell, hinsetzen!«

Wir fanden alle nebeneinander Platz, Ellbogen an Ellbogen auf dem Tisch, angeregt von der Stimmung ringsum und durch das Wissen, dass die Brücke nun ganz nah war. Meine Reisegefährten öffneten ihre Rucksäcke und nahmen leckere Dinge heraus.

»*Madame*«, sagte der »Arzt«, »könnte ein Ei mit Zucker essen, das gibt Kraft.«

Von dem ganzen Treiben drehte sich mir der Kopf. Welche Madame? Dann begriff ich, dass ich gemeint war.

Ein Ei, mit Zucker geschlagen.

Wie oft hatte ich das gehört! Meine Tanten sagten es, sobald sie mich ein bisschen blässlich fanden:

»Gib dem Kind ein Zuckerei.«

Ich träumte mich so intensiv in die Vergangenheit zurück, dass mir der Vorschlag unwillkürlich über die Lippen kam, aber für mich klang er, als hätte jemand anderes ihn gemacht: »Noch eine Tasse Milch, dann könnte man sogar Pudding kochen.«

Pudding: Was für eine wunderbare Idee! Fabelhaft, dass man eine Frau dabeihatte! *Oh là là*, Pudding!

Bernard ging ins Gasthaus und bat um einen Napf, eine Gabel, um Löffel und Milch. Er bekam alles, außer der Milch. Die Kartoffeldeutsche hatte gemeint, ausgerechnet Milch hätten sie keine.

»Geben Sie her, ich schlage es. Dazu braucht man eine kräftige Hand!«

Er schlug das Ei, bis es zu einer köstlichen hellgelben Creme geworden war, die er gerecht verteilte. Dann kratzte er den Napf bis zum letzten Tropfen aus und schleckte sich demonstrativ die Finger ab wie ein naschhaftes Kind.

»Sie sagen, Schwerin liegt so gut wie um die Ecke. Wir sind endlich da!«

Faul nach dem Essen, milde gestimmt durch die gemütliche Situation unter den Blättern der Laube, zogen sie Familienfotos hervor und zeigten sie mir stolz.

»Je t'attends« hatte eine junge Ehefrau auf ein Bild geschrieben, das sie sitzend zeigte, bescheiden in Haltung und Kleidung, neben einem ordentlich gemachten Ehebett. Bernard schaute sie melancholisch an, in seinem Gesicht spiegelten sich Sehnsucht und Heimweh.

»Je t'attends«. Ach, wäre ich doch diese Frau.

»Los!«, sagte Bernard. »Auf geht's!«

Träge standen wir auf und kletterten einer nach dem anderen wieder auf den Wagen.

»Schlafen Sie noch ein wenig, Madame«, riet mir der »Arzt«. »Wenn wir in Schwerin ankommen, gibt es Freudenschreie, da wachen Sie von selber auf.«

Ich schloss die Augen, allerdings nicht um zu schlafen, sondern um das Bild zu vervollständigen, in dem immer noch einige Mosaiksteinchen fehlten. Willem, das Mädchen mit der roten Schürze … Der Mann mit der Mütze, war das nicht der aus dem Bauernhof? Was hatten sie mit Willem gemacht? Mittlerweile wusste ich wieder, dass er tot war. Wo hatten sie ihn versteckt? Bei jedem Gedanken an ihn schnürte sich mir die Kehle zusammen. Willem mit den sanften Augen, mit der freundlichen Stimme. Ach, Willem, Willem! Ich hatte solche Sehnsucht nach ihm.

Ohne jeden Freudenschrei kamen wir in Schwerin an, denn die Straße mündete unvermittelt auf einen weiten, staubigen Platz. Die Häuser lagen auf dessen einer Seite, sie waren niedrig, staubfarben auch sie. Neben einer hohen Fahnenstange, an der die Sowjetfahne wehte, spielte eine Militärkapelle eine feierlich-martialische Hymne. Die Instrumente glitzerten ebenso wie die Stiefel der Musikanten.

Vor der Kapelle standen rund fünfzig Menschen: Frauen mit weißen Kopftüchern, Männer in Habachtstellung. Sie lauschten der Musik und blickten in die Ferne.

»Nach rechts! Den Wagen rechts abstellen!«

Ein Soldat mit roter Armbinde kam auf uns zu, er klang wie die Militärpolizei überall auf der Welt: pflichtbewusst, wichtigtuerisch, aufgeblasen, wütend.

»Wir haben ja schon verstanden. *Merde alors*!«

Bernard fuhr den Wagen beiseite, während wir uns unter die Menge auf dem Platz mischten, um nach Informationen zu fragen. Viele Männer saßen neben ihrem Hab und Gut auf dem Boden wie müde Nomaden, sie blickten starr vor sich hin, kauten stumm an einem Stück Brot. Die Kapelle hörte zu spielen auf. Ein Offizier nahm vor den dort Wartenden Aufstellung und begann mit schriller Stimme eine Ansprache.

»Die englischen Laster sind weggefahren, fünf Minuten, bevor wir gekommen sind«, erklärte Bernard missgelaunt.

»Scheiße! Wer weiß, wie lange wir jetzt warten müssen!«

Meine Reisegefährten wurden nervös und begannen, einander Vorwürfe zu machen.

Was hatten wir auch an diesem Gasthaus Pause machen müssen! Warum eigentlich? Als hätten wir nicht auf dem Wagen essen können wie sonst immer! Eine feine Idee hatte der »Arzt« da gehabt. Dem war wohl das Zeug aus dem *Scheißkommando* ins Hirn gedrungen. Das hat man davon, wenn man sich bereden lässt!

Ich schaute mich besorgt um. Es hieß, wir seien in Schwerin, aber die Brücke konnte ich nicht sehen.

Ohne die Brücke konnte das nicht Schwerin sein.

Es gab Bewegung, weil die Ansprache beendet war. Die Kapelle marschierte im Gleichschritt auf die Häuser zu, Männer und Frauen liefen durcheinander, drängelten, um als Erste zu den Wagen auf der anderen Seite des Platzes zu gelangen.

»Blasmusik und große Reden«, schnaubte Bernard verächtlich. »Bei den anderen bekommen wir Schokolade und Zigaretten!«

»Ja gut! Aber ein paar Worte zur Begrüßung tun auch gut. Und die Musik ist doch feierlich. Ein bisschen Gefühl schadet nichts!«

»Hör dir den Dummkopf an! Hat er gedacht, die empfangen uns mit der Marseillaise? Denkst du, es kommt eine Miss mit Blumen? Die Engländer haben für solche Mätzchen nichts übrig, mein Lieber!«

»Die hier auch nicht. Wenn ihr eure Hintern mal zu den Häusern da hinten bewegt hättet, hättet ihr mitten in einem Fenster ein Schild gesehen: ›Für den Wiederaufbau deiner Heimat werde Mitglied bei der Kommunistischen Partei‹.«

»Wiederaufbau? Na so was! Freuen sich die Russen nicht, dass das Land kaputt ist?«

Der Gedanke an die Brücke ließ mir keine Ruhe, sodass ich nicht mehr auf das Gerede achtete. Ich stand auf und machte eine Runde auf dem Platz. Und endlich sah ich sie.

Es war absolut nicht die wunderschöne Brücke aus meinem Traum. Kaum konnte man das eine Brücke nennen. Es war eher eine Art Übergang; die Straße führte über eine wenige Meter tiefe Senke voller Steine, nicht das kleinste bisschen Wasser floss darin.

»Ist das die Brücke, wo die Engländer uns abholen?«, fragte ich ungläubig einen Mann in meiner Nähe.

Und der nickte, ja, das sei sie.

Liana Millu

Der Rauch über Birkenau

Mit einem Vorwort von Primo Levi

Aus dem Italienischen von Hinrich Schmidt-Henkel

Band 14021

Liana Millus ›Il fumo di Birkenau‹ ist eine literarische Entdeckung und nach Primo Levi »eines der eindrucksvollsten europäischen Zeugnisse aus dem Frauenlager Auschwitz-Birkenau, ganz gewiß das bewegenste«. 1947 geschrieben und seitdem in zahlreiche Sprachen übersetzt.

In den Mittelpunkt jeder der sechs Erzählungen stellt Liana Millu eine Frau. Da ist Lili, der die Eifersucht ihrer Aufseherin zum Verhängnis wird. Da ist Maria, die wider alle Vernunft ein Kind austragen will, so überzeugt ist sie, daß der Krieg bald vorbei sein wird. Da sind Bruna, die ihren Sohn im Quarantänelager entdeckt, und die Russin Zina, die ihr Leben aufs Spiel setzt, indem sie Ivan zur Flucht verhilft: Sie kennt ihn nicht, aber er ähnelt ihrem Mann, den die Nazis umgebracht haben.

Wo sind die Deutschen? Es ist, als wären sie nicht da. Sie sind wie Nebenfiguren, wie Eindringlinge; wenn sie auftauchen, bringen sie Tod und Vernichtung.

In der Genauigkeit des Blicks und einer Sprache ohne jedes Pathos hat Liana Millu die Dimension des Ausweglosen, die Unsagbarkeit des Grauens ausgelotet und den authentischen Geschichten der Frauen von Birkenau ein literarisches Denkmal gesetzt.

Fischer Taschenbuch Verlag

fi 711 / 5

Maria Nurowska

Postscriptum für Anna und Miriam

Roman

Aus dem Polnischen von Albrecht Lempp

Band 10309

Die Polin Anna Lazarska hat ihren sterbenden Vater und ihr Land verlassen. Im Tagebuch ihres Vaters entdeckte sie, daß sie nicht wirklich Anna ist, sondern die Jüdin Miriam Zarg. Als einjähriges Kind war sie im besetzten Warschau außerhalb der Ghettomauer gefunden und von ihrem Retter als Anna aufgezogen worden. Sie hat Schwierigkeiten, mit ihrer neuen Identität fertigzuwerden, und kann es ihrem »Vater« nicht verzeihen, sie nie über ihre Herkunft aufgeklärt, nie wirklich mit ihr gesprochen zu haben. Sie entdeckt, daß sie eine Schwester hat, die in Amerika lebt. In Briefen erfährt sie von ihr mehr über das Schicksal ihrer Familie während des Krieges. Doch sie scheut sich, ihre neue Identität anzunehmen und ihre Schwester zu besuchen. Ein deutscher Journalist wird auf sie aufmerksam. Er versucht, ihr bei der Suche nach ihrer Identität zu helfen. Zu spät. Anna begeht Selbstmord. Der Journalist rekonstruiert aus den Materialien, die er in Annas Zimmer findet, ihr Leben. Es ist das zweigeteilte Schicksal einer polnischen Jüdin, die zu Beginn der 80er Jahre vom Geschehen des Zweiten Weltkrieges eingeholt wird und vergeblich versucht, mit sich selbst und der eigenen Geschichte ins reine zu kommen.

Fischer Taschenbuch Verlag

fi 1638 / 7

Raya Kruk

Lautlose Schreie

Berichte aus dunklen Zeiten

Mit Fotos von Zwi Kadushin

Band 13978

Nach fünfzig Jahren des Schweigens wagt sich Raya Kruk, Überlebende des Ghettos von Kowno, an die schmerzliche Arbeit des Erinnerns. In einfacher, aber um so eindringlicherer Sprache schildert sie ihre eigenen Erlebnisse und die zahlreicher Leidensgenossinnen und -genossen während des Aufenthaltes im Ghetto in den Jahren zwischen 1941 und 1944. Verstärkt wurde der Drang, diese Erlebnisse zu beschreiben, durch Fotos, die Zwi Kadushin, ein Mitüberlebender, mit einer versteckten Kamera gemacht hatte. Das ganze ungeheure Geschehen der Tötung von Frauen, Männern und Kindern wird nicht analytisch, sondern aus der Erlebnisperspektive der jungen Frauen und Mädchen ausschnittartig geschildert. Beeindruckend ist der starke, von Hoffnung getragene Lebenswille, der in all diesen Erzählungen durchschimmert. Dieser und die unerwartete Hilfe Außenstehender ermöglichen es, die Todesbedrohung zu überstehen.

Fischer Taschenbuch Verlag

fi 618 / 8

Johanna Moosdorf

Jahrhundertträume

Roman

Band 4739

Der Roman erzählt die Geschichte der Schriftstellerin Jenny Meininger, eine Geschichte, die zugleich genau und unerbittlich unser Jahrhundert widerspiegelt. Sehr früh schon ist das Zusammenleben von Jenny und ihrem Mann, Karl Meerstern, einem Juden, vom Naziterror bedroht, der sie sieben Jahre später zwingt, sich ›formal‹ zu trennen. Karl plant auszuwandern. Die Scheidung wird Jenny und den Kindern das Leben hierzulande erleichtern. So bald wie möglich will er sie nachkommen lassen. Der Krieg durchkreuzt seinen Plan. Die Grenzen werden geschlossen. Ihre Liebe heißt jetzt Rassenschande, ein schweres Verbrechen. Karl wird zur Zwangsarbeit verpflichtet und gegen Kriegsende deportiert. Er kehrt nicht zurück.

Es sind Jahrhundertträume und -alpträume, von denen Johanna Moosdorf erzählt: eine Trauerarbeit von großer Glaubwürdigkeit.

Fischer Taschenbuch Verlag

fi 812 / 7